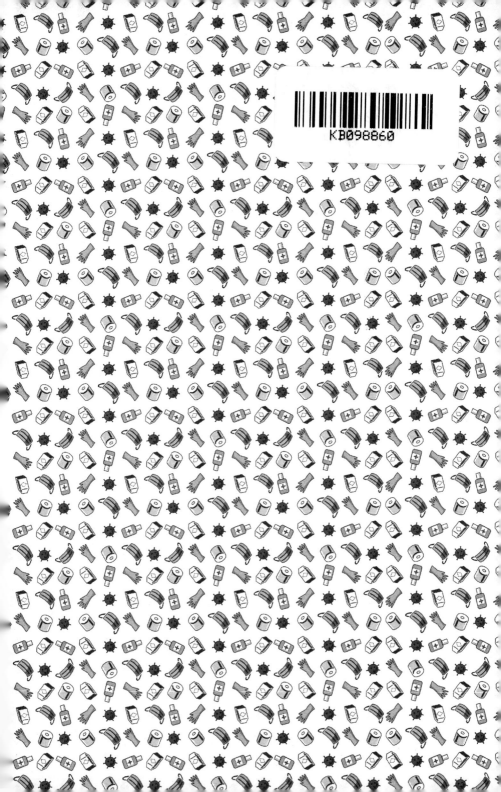

바이러스
철학을 만나다

바이러스
철학을 만나다

발행일	2021년 05월 11일 초판 1쇄 발행
	2024년 10월 31일 초판 3쇄 발행
지은이	박상욱
발행인	방득일
편 집	박현주·강정화
디자인	강수경
마케팅	김지훈

발행처	맘에드림
주 소	서울시 도봉구 노해로 379 대성빌딩 902호
전 화	02-2269-0425
팩 스	02-2269-0426
e-mail	momdreampub@naver.com

ISBN 979-11-89404-47-5 44190
ISBN 979-11-89404-03-1 44080(세트)

불확실성 시대를 살아가는 청소년을 위한 과학 인문학

바이러스
철학을 만나다

박 상 욱 지음

맘에드림

생명의 정의마저 뒤흔든
작지만 경이로운
존재에 관하여

여러분은 바이러스를 본 적이 있나요? 책이나 각종 미디어에서 제공하는 이미지 형태로는 접한 적이 있겠지만, 아마 직접 본 적은 없을 것입니다. 당연합니다. 왜냐하면 바이러스는 너무 작아서 인간의 맨눈으로는 절대 볼 수 없거든요. 세균이나 미생물보다도 작기 때문에 특수 현미경으로나 겨우 볼 수 있을 정도입니다.

바이러스의 크기는 보통 30~200nm(나노미터)인데, 이 정도 크기는 세균을 걸러내는 세균 여과기를 그대로 통과해버립니다. 이토록 작디작은 탓에 19세기 중반까지만 해도 사람들은 아예 바이러스의 존재조차 몰랐습니다. 바이러스로 인한 질병은 역사 속에서 끊임없이 등장했지만, 그것의 원인이 바이러스라는 것은 알지 못했죠. 단지 나쁜 공기가 일으킨 질병으로만 생각했고, 심지어 천연두는 어떤 악마의 소행처럼 초현실적 현상으로 여겨지기도 했습니다.

베일에 쌓인 채 인류보다 먼저 지구에 정착한 미스터리한 존재

인간은 오랜 시간 바이러스의 존재조차 모르고 살아왔습니다. 심지어 바이러스의 존재가 과학적으로 드러났을 때조차 일반인들은 바이러스의 존재에 대해 별로 신경을 쓰지 않았죠. 아마 코로나19 팬데믹이 아니었다면, 지금도 대부분은 바이러스의 영향력을 과소평가하고 있을지도 모릅니다. 하지만 바이러스는 인류가 이 땅에 존재하는 그 순간부터 지금까지 끊임없이 인류의 역사에 등장해왔고, 심지어 문명의 방향까지도 바꿔왔습니다. 보이지 않는 그들의 삶이 인간의 역사까지도 변화시켜온 것입니다.

바이러스는 인간보다 더 오랜 시간 지구에서 살아왔으며, 그들 나름의 삶의 방식을 가지고 있습니다. 그러나 아직도 우리는 그들의 삶에 대해 잘 모릅니다. 그들이 어떤 존재인지, 어떻게 살아가고 있는지 말입니다. 이 책에서 우리는 그들의 삶을 조금 더 깊이 들여다보려고 합니다. 그렇다고 해서 바이러스에 대한 과학적 분석을 목적으로 하지는 않습니다. 이 책의 목적은 바이러스의 삶을 통해 인간의 삶과 사회를 성찰하려는 것입니다. 그런 의미에서 본다면 인문학에 가깝다고 볼 수 있겠네요.

왜 굳이 바이러스냐고요? 지금 인간 삶의 큰 줄기가 바이러스로 인해 크게 변화하고 있기 때문입니다. 사람들이 마스크를 벗고 거리를 거니는 풍경은 이미 오래전 이야기가 되어 버렸습니다. 이 글을 쓰고 있는 지금, 전 세계의 코로나19 누적 확진자는 1억 명을 훌쩍 넘어서고 있습니다. 역사적으로 보더라도, 이 정도의 피해를 찾아보기 힘들 것입니다. 그리고 사람들은 이러한 시련의 과정을 거치면서 새로운 언어들을 만들어내고 있습니다.

비대면, 뉴노멀, 코로나 블루, 사회적 거리두기…

새로운 언어는 새로운 사유를 만들어냅니다. 그리고 새로운 사유는 개인의 삶을 넘어 사회체제의 변화를 이끌어내기도 하죠. 그래서 수많은 학자들은 하나같이 코로나19 이후에는 새로운 철학이 필요하다고 강조합니다. 이제 대중에게도 강렬하게 존재감을 드러낸 바이러스는 생물과 무생물의 경계선에 위치하면서 인간 존재에 대한 다양한 철학적 성찰을 던져줍니다.

> 어떤 변화는 일시적이지만, 어떤 변화는 돌이킬 수 없다. 모두는 코로나19가 가져온 변화가 영원히 계속될 것임을 직감한다. 세상은 다시는 전과 같지 않으리라. 코로나19는 근대화 이후 인류가 직면한 가장 끔찍한 재난이자, 전체로서의 지구를 직감적으로 느끼게 해준 최초의 사건이다. 인류는 지금 '공포와 놀라움'이라는 느낌 속에서 살아가고 있다. [1]

바이러스 시대의 새로운 철학을 위해서는 우선 바이러스가 무엇인지, 그들은 어떻게 살고 있는지, 나아가 그들의 삶은 인간 사회에

....
1. 김재인, 《뉴노멀의 철학》, 동아시아, 2020, 6쪽

어떠한 영향을 주었는지를 살펴볼 필요가 있습니다. 그래서 이 책은 과학, 역사, 철학의 경계선을 가리지 않습니다. 그런 의미에서 보면 사회생물학자 에드워드 윌슨(Edward Wilson) 교수가 주장한 **통섭(consilience)**의 철학을 지향한다고 볼 수 있습니다. 통섭이라는 말을 너무 어렵게 생각할 필요는 없습니다. 쉽게 말해 어떤 현상을 이해하기 위해 다양한 학문 분야를 넘나드는 것입니다.

> 학문의 구획은 자연에 실재하는 것이 아니기 때문이다. 진리의 궤적을 추적하기 위해 우리 인간이 그때그때 편의대로 만든 것일 뿐이다. 진리는 때로 직선으로 또 때로 완만한 곡선을 그리며 학문의 경계를 넘나드는데, 우리는 우리 스스로 만들어 높은 학문 울타리 안에 앉아 진리의 한 부분만을 붙들고 평생 씨름하고 있다.[2]

2. 에드워드 윌슨, 《통섭》 (최재천·장대익 옮김), 사이언스북스, 2005, 7쪽

8 **바이러스**
철학을 만나다

바이러스와 함께 살아가야 하는 위드(With) 바이러스의 시대에 우리는 어떻게 살아야 하는지, 어떤 철학을 가져야 하는지에 대해 생각해보기 위해 과학, 역사, 철학의 다양한 분야를 넘나들 생각입니다. 이러한 제 사유의 길목에서 여러분들은 다양한 질문을 제기할 수 있고, 마음에 들지 않는 내용에 대해서는 과감하게 반론도 제기할 수 있어야 합니다. 그것이야말로 위드 바이러스 시대에 우리가 지향해야 할 삶의 태도이자 배움의 방식이기 때문입니다. 다양한 생각과 치열한 논쟁이야말로 바이러스와 공존할 수 있는 인간의 가장 큰 무기입니다. 이는 수십억 년 동안 지구에 성공적으로 정착해온 바이러스의 지혜이기도 합니다. 바이러스의 삶은 불확실성이 난무하는 세상에 대처하는 가장 효율적인 방법이 다양성, 유연성임을 보여줍니다. 아직은 뭔가 좀 어렵다고요? 아마 이 책을 다 읽어갈 때쯤에는 여러분도 이 말에 대해 고개를 끄덕이게 되지 않을까 생각합니다.

박상욱

놀라운 바이러스

아니, 이게 다 바이러스 때문이라고?

바이러스와 성찰

너를 보며 나의 삶을 돌아보다

위드 바이러스의 시대

바이러스가 쏘아 올린 논쟁의 불씨들

PART
04

우리의 무지는 필연적으로 무한한 데 반해,
우리의 지식은 유한하기 마련이다.

– 칼 포퍼(1902–1994) / 오스트리아 태생 영국 철학자

Our knowledge can only be finite,
while our ignorance must necessarily be infinite.

–Karl Popper (1902–1994) / Lecture(1960)

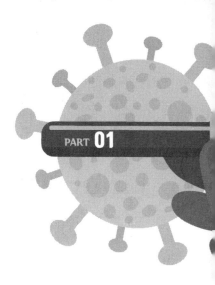

바이러스 탐구

"요리 보고 저리 봐도 수상한… 누구냐 넌?"

코로나19의 위력은 실로 엄청났다. 사상 초유의 온라인 개학은 물론, 정치·경제·
사회·문화 등에 걸쳐 패러다임의 전환을 빠르게 이끌고 있다. 특히 감염 예방을
위한 사회적 거리두기와 함께 비대면 체계가 크게 확산되었고, 마스크 착용은 이
제 우리의 자연스러운 일상이 되었다. 바이러스 때문에 우리 삶의 꽤 많은 부분이
단기간에 크게 달라진 것이다. 그런데 인류 역사상 바이러스로 인해 사회의 패러
다임이 크게 전환된 것은 비단 이번이 처음은 아니다. 맨눈으로는 볼 수도 없을 만
큼 작디작지만, 때론 인간 사회를 위협할 만큼 치명적 존재감을 뿜어내는 그들, 즉
바이러스의 정체에 관해 함께 알아보는 것으로 이 책을 시작하려고 한다.

먼지보다 작지만,
우주만큼 복잡한 존재를 만나다!

우주에는 별이 몇 개나 있을까요? 비록 도시의 밤하늘에서는 좀처럼 별을 찾아보기 어려운 세상이지만, 보이지 않는다고 해서 존재하지 않는 것은 아닙니다. 우주에는 셀 수 없을 만큼 많은 별이 있고, 게다가 그중 대부분은 우리가 아직 그 존재조차 모르고 있죠. 참고로 우리가 살아가는 지구는 별이 아닙니다. 왜냐하면 '별'이라고 부르는 것들은 우리가 잘 아는 태양처럼 스스로 빛을 내야 하는데, 지구는 그럴 수 없기 때문이죠.

광대한 우주 속 소우주 같은 존재가 있다?

우리 은하계 안에서만 하더라도 태양과 같은 별이 무려 천억 개는

된다고 합니다. 그리고 우주 전체에는 우리 은하계와 같은 은하가 훨씬 더 많이 존재한다고 하고요. 상상이 되나요? 이처럼 우주는 평범한 우리 인간의 머리로는 감히 범접할 수 없을 만큼 광활하고, 또 복잡한 세계입니다. 이 순간 우주 곳곳에서 어떤 일이 벌어지고 있는지는 아무도 모릅니다. 사실 너무 넓어서 제대로 살펴볼 엄두조차 내기 어렵죠. 이런 광대한 우주에 비하면 우리 인간은 정말로 하찮고 작은 존재처럼 느껴지기도 합니다. 그래서 나사(NASA) 자문위원이기도 한 미국의 천문학자 칼 세이건(Carl Sagan)은 다음과 같은 유명한 말을 남겼죠.

"지구는 우주에 떠 있는 창백한 푸른 점이다."

대우주 속 수많은 존재들
광활한 우주에 떠다니는 티끌만 한 일부에 불과한 작은 지구, 그리고 그 지구 안에서 살아가는 인간 개개인은 때때로 너무나 작게 느껴지지만, 작다고 해서 하찮은 존재인 것은 아니다. 작은 존재 안에도 얼마든지 광활하고 복잡한 세계가 펼쳐질 수 있기 때문이다.

그런데 혹시 우주의 별만큼이나 광대한 또 다른 세계가 지구상에 존재한다는 것을 알고 있나요? 맨눈으로는 볼 수도 없을 만큼 매우 작지만, 우주만큼 복잡하고 광대한 세상을 가지고 있는 것이 존재합니다. 그것도 우리 인간 세상 아주 가까이에 말이죠. 네, 벌써 눈치챘겠지만, 바로 바이러스입니다. 지구상에 존재하는 바이러스 숫자는 우주에 존재하는 별의 숫자보다 더 많다고 합니다. 그리고 지구상에 존재하는 바이러스의 유전자 길이를 펴서 늘어놓는다고 가정하면, 지구에서 무려 2억5,000만 광년 정도나 떨어진 우주 어딘가에 도달한다는 계산이 나온다고 하는군요. 하다못해 해안가의 바닷물 단 1리터에도 지구 인구인 75억 명보다 더 많은 바이러스가 살고 있습니다. 입자 수로만 따지자면 바이러스는 지구 생물체의 94퍼센트를 차지한다고 하니, 가히 보이지 않는 소우주의 세계라고 할 만하지요.

몸 없이 살아가는 희한하고 수상한 존재, 바이러스

최근 몇 년간 세계적으로 유행한 사스, 메르스, 코로나19와 같은 전염성 질병의 원인이 바이러스라는 것은 익히 알고 있을 것입니다. 하지만 정작 바이러스가 무엇인지에 대해서는 잘 모르는 경우가 많죠. 사실은 과학자들조차 바이러스에 대해 명확히 밝혀낸 것이 그리 많지 않습니다. 바이러스의 존재를 알게 된 것도 불과 100년 정도밖에 지나지 않았죠. 지구상에 얼마만큼의 바이러스가 살고 있는지, 또 어떤 종류가 있는지 등에 대해서는 아직 많은 부분이 미지의 영역으로 남아 있습니다.

일단 바이러스는 맨눈으로 볼 수 없습니다. 흔히 눈에 보이지 않으면서 사람이나 동물에게 질병을 일으키는 것을 병원체라고 합니다. 이러한 병원체는 다시 세균과 바이러스로 나뉩니다. 그럼 세균과 바이러스는 어떻게 구분될까요? 이 둘을 구분하는 가장 큰 차이는 독자적으로 생존할 수 있는지의 여부입니다. 즉 세균은 독자적으로 대사작용[1]도 하고, 자손도 번식할 수 있으며, 공기 중에서 생존할 수도 있죠. 역사적으로 유행했던 페스트, 매독, 콜레라와 같은 무서운 질병들은 이 세균에 의한 것이었습니다.

한편 바이러스는 세균과 달리 독자적으로 생존할 수 없습니다. 공기 중에서는 불과 몇 시간 정도밖에 생존할 수 없죠. 마치 물고기가 물 밖에서 얼마 견딜 수 없는 것과 비슷합니다. 다시 말해 바이러스는 오직 다른 생물의 몸속에서만 생존할 수 있죠. 그래서 우리는 바이러스를 절대적 기생체라고 부릅니다. 예컨대 벼룩은 다른 동물의 몸에 붙어서 피를 빨아먹고 살지만, 그래도 스스로 먹고, 성장하고, 자손을 남길 수 있습니다. 하지만 바이러스는 다릅니다. 오직 다른 생물의 세포를 통해서만 자기복제를 하죠. 혼자서는 성장할 수도, 자손을 남길 수도 없습니다. 그래서 크기상으로도 바이러

----

1. 생물체가 섭취한 영양물질을 몸 안에서 분해하고 합성해 생체 성분이나 생명 활동에 쓰는 물질이나 에너지를 생성하고 필요하지 않은 물질을 몸 밖으로 내보내는 작용을 말한다.

스는 세균보다 훨씬 작죠. 사실 엄밀히 말하면 바이러스는 몸이 없으니까요.

참 희한합니다. 몸이 없다니. 그런데 몸이 없다는 것은 무슨 말일까요? 말 그대로 신체 없이 유전자와 단백질 껍데기로만 존재한다는 뜻입니다. 그래서 스스로 번식이나 대사작용을 할 수 없습니다. 다만 다른 생물체의 세포를 통해서 자신의 유전 정보를 복제할 수 있죠. 신체 없이 정보로만 살아가는 존재, 그것이 바로 바이러스입니다. 이렇게 정보로만 살아가기 때문에 바이러스에 대해서는 세균을 죽이는 항생제나 항균제를 쓴다고 해도 아무런 소용이 없는 것입니다.

바이러스,
지구에 연착륙하다!

바이러스가 언제 탄생했고, 또 어떻게 진화해왔는지는 사실 아무도 정확히 모릅니다. 단지 38억 년 전 지구상에 최초로 생명체가 등장했을 때, 아마도 그것이 바이러스와 비슷하지 않았을까 하는 짐작만 할 뿐이죠. 바이러스 크기가 워낙 작다 보니 화석 하나도 남아 있지 않기 때문입니다.

바이러스의 탄생에 관한 2가지 가설과 첫 각인

바이러스의 탄생에 대해서는 현재 2가지 추측이 유력합니다. 하나는 최초의 생물 이전에 가장 먼저 존재해왔다는 것입니다. 바이러스가 오늘날 모든 생물이 가지고 있는 유전자의 기원이라는 주장이죠. 반면 생물이 먼저 생겨난 후에 바이러스가 탄생되었다는 의견도 있습니다. 왜냐하면 바이러스는 숙주가 없으면 생존할 수 없으니까요. 그렇기 때문에 생물이 없는 상태에서 바이러스가 홀로 존재하지는 않았을 거라고 보는 것입니다. 즉 세균이나 단세포생물의 진화 과정에서 유전물질인 DNA나 RNA만 가진 형태로 따로 진화한 것을 바이러스라고 보는 거죠. 물론 아직은 무엇이 맞는지 정확하게 밝혀지지 않았습니다. 다만 인간의 조상이 되는 호모 사피엔스가 22만 년 전쯤 등장했으니, 최소한 인간보다는 훨씬 더 오랜 세월 지구상에 존재해왔다는 점은 분명해 보입니다.

사실 바이러스는 20세기에 이르기까지도 암흑물질[2]처럼 보이지 않는 수수께끼였습니다. 여러분이 잘 아는 파스퇴르(Louis Pasteur, 1822~1895)는 광견병을 연구했고, 심지어 백신까지 개발했지만, 광견병의 원인인 바이러스 자체를 주목하지는 않았습니다. 사실 그게 뭔지도 이해하지 못한 거죠. 인간이 바이러스의 존재를 최초로 인지한 것은 특이하게도 식물 바이러스 때문이었습니다. 19세기 말에 담뱃잎에 모자이크 모양의 반점이 생겨, 발육이 저하되고 서서히 말라죽는 병이 유행한 적이 있습니다. 당연히 담뱃잎 농가에는 비상이 걸렸죠. 무엇보다 농부의 입장에서는 참으로 답답한 노릇이었습니다. 일년 내내 힘들게 농사를 지었는데 원인을 알 수 없는 질

---

2. 우주에 존재하고 질량도 갖지만, 어떠한 관측장비로도 관측할 수 없는 물질을 말한다. 암흑물질의 존재 여부는 여전히 논쟁 중이다.

병으로 인해 제대로 수확을 할 수 없게 되었으니까요. 우선 급한 것은 이 질병이 어떻게 담뱃잎들 사이에 전파되는지를 알아내는 것이었습니다. 이를 밝혀내기 위해 과학자들은 다양한 실험을 진행했죠. 그중 한 과학자가 이 병에 걸려 죽은 담뱃잎의 수액을 다른 담뱃잎에 묻히자 똑같은 증상을 보이는 것을 알게 되었습니다. 다시 말해 감염이 된 거죠. 하지만 이 증상을 처음 발견한 과학자조차 병의 원인을 세균 때문이라고 생각했습니다. 당시만 해도 감염을 일으키는 병원균으로 알려진 것은 세균뿐이었으니까요.

그래서 1892년 러시아의 과학자인 드미트리 이바노프스키(Dmitri Ivanofsky, 1864~1920)는 병에 걸린 담뱃잎의 수액을 추출하여, 세균 여과기에 통과시켰습니다. 당시에는 그러한 방식으로 나쁜 세균을 걸러냈으니까요. 그런데 희한하게도 그렇게 통과시켜 아무리 거르고 또 걸러내도 수액을 통해 계속 전염되는 것이었습니다. 질병을 유발하면서, 세균보다 훨씬 더 작은 뭔가가 존재한다는 것이 증명된 거죠. 그래서 처음에는 바이러스를 여과성 병원체라고 불렀습니다. 세균 여과기마저 통과하는 아주 작은 병원체라는 뜻이죠.

과학자들은 그 작디작은 병원체의 정체에 대해 의문점을 갖고, 그것이 대체 무엇인지에 관해 계속 연구해 나갔습니다. 그러다가 드디어 1930

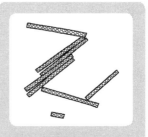

담배모자이크바이러스
인간이 바이러스의 존재를 처음 인식한 계기는 담뱃잎에 번진 유행성 전염병 때문이었다.

년대 이르러 전자 현미경이 발명되면서, 그 바이러스의 실체를 눈으로 볼 수 있게 되었습니다. 최초로 전자 현미경을 통해 모습을 드러낸 바이러스가 바로 앞에서 살펴본 담배모자이크바이러스입니다. 마침내 모습을 드러낸 바이러스의 형체를 통해 이전까지 바이러스는 기체나 액체일 거라는 예상이 뒤바뀌게 됩니다. 앞의 그림과 같이(23쪽 참조) 바이러스는 단지 눈에 보이지 않을 뿐, 분명 일정한 모양새를 갖추고 있었기 때문이죠.

03 생명의 정의 🔍

생물인 듯,
생물 아닌 생물 같은 너~

바이러스는 맨눈으로는 볼 수 없지만, 분명 존재합니다. 그리고 광학 현미경을 사용하면 종에 따라 각기 다른 모양새를 갖춘 실체를 확인해볼 수도 있습니다. 아래에 몇 가지 바이러스의 모습을 소개합니다. 최근 전 세계를 패닉 상태로 몰

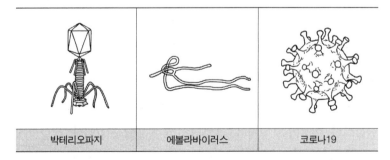

박테리오파지	에볼라바이러스	코로나19

바이러스의 다양한 모습
우리 인간의 얼굴이 제각각 다르듯, 바이러스도 그 종류에 따라 서로 다른 형태를 가지고 있다.

아간 코로나19의 모습도 보입니다. 바이러스마다 모습은 제각각인데, 어쩐지 하나같이 SF영화에 자주 등장하는 외계에서 날아온 생명체처럼 신기하게 생겼죠?

네, 우리 인간의 얼굴이 저마다 다르듯, 그들의 모습도 저마다 다릅니다. 이제 바이러스의 존재를 부인하는 사람은 아무도 없습니다. 하지만 여전히 논란거리는 존재하죠. 그건 바로 '과연 그들도 살아가는 존재인가?'에 대한 논란입니다. 일반적으로 생각할 때 살아간다는 것은 살아 있다는 것을 의미합니다. 그런데 바이러스는 살아 있는 생명체, 즉 생물일까요?

바이러스는 생명체일까?

바이러스가 생물인지를 논하기 전에 먼저 생명이란 무엇인지 살펴볼 필요가 있습니다. 그런데 놀랍게도 생명의 정의는 아직 합의된 것이 없습니다. 그래서 과학, 철학 분야에서도 생명의 존재는 여전히 뜨거운 논쟁거리입니다. 생물학에서는 20세기 후반부터 생물을 다음의 그림(27쪽 참조)과 같이 크게 3가지로 분류하고 있습니다.

그림을 보면 크게 진정세균, 고세균, 진핵생물의 3역으로 구분하고 있습니다. 인류가 보이시나요? 당연히 보이지 않을 겁니다. 생물학에서 우리 인류는 진핵생물역에서도 동물계의 한 종류에 속할 뿐이죠. 지구 생태계에서 인간은 극히 일부라는 것을 알 수 있는 대목입니다.

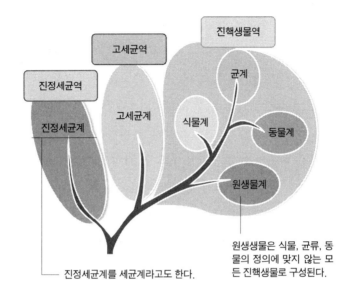

진핵생물역

고세균역

진정세균역

균계

고세균계

식물계

동물계

진정세균계

원생물계

진정세균계를 세균계라고도 한다.

원생생물은 식물, 균류, 동물의 정의에 맞지 않는 모든 진핵생물로 구성된다.

※자료: http://study.zum.com/book/12287

생물학에서 바라본 생물의 분류
생물학적 관점에 따르면 우리 인간도 진핵생물역 동물계의 한 종류일 뿐이다.

사실 지구 생태계의 대부분을 차지하는 것은 세균입니다. 그런데 중요한 것은 바이러스는 이 중에 어디에도 속하지 않는다는 점입니다. 일반적으로 어떤 개체가 생물로 분류되려면 적어도 다음의 3가지 조건을 갖춰야 한다고 보고 있습니다.

　　첫째, 스스로 번식 또는 증식할 수 있는가?
　　둘째, 스스로 먹고 마시고 자랄 수 있는 대사작용을 할 수 있는가?
　　셋째, 환경의 변화에 적응하며 진화해가고 있는가?

우리는 흔히 생명체라고 하면, 스스로 먹고, 마시고, 움직이고, 번식하는 모습을 떠올립니다. 먹고 마시고 성장하는 것을 대사작용이라고 합니다. 바이러스는 스스로는 대사작용을 하지 못합니다. 왜냐하면 바이러스는 단백질 합성기관인 리보솜(Ribosome)을 가지고 있지 않아서 스스로 단백질을 만들어낼 수 없기 때문이죠. 다시 말해 뭔가 다른 생물의 몸을 빌리지 않으면 번식도 성장도 불가능하다는 것입니다. 따라서 반드시 누군가의 몸으로 들어가야 합니다. 좀 더 정확하게 표현하면 다른 생명체의 세포를 통해서 번식하는 거죠. 만약 다른 생물의 세포가 없는 상태라면 바이러스는 단지 유전자 조각에 불과합니다.

바이러스는 무생물일까?

어쩐지 바이러스는 생물이라 칭하기에는 좀 애매한 존재인 것 같군요. 그렇다면 바이러스는 무생물일까요? 그건 또 아닙니다. 왜냐하면 바이러스는 비록 다른 생물의 세포를 통하기는 하지만 번식도 하고, 또 변종과 같은 형태로 진화도 하니까요. 예컨대 코로나19도 팬데믹 이후 채 1년도 지나지 않아서, 변종 바이러스가 속속 등장했습니다. 이렇듯 바이러스는 생존에 가장 적합한 형태로 빠르게 변화, 즉 진화해갑니다. 더욱이 생명체의 가장 기본적인 정보를 담고 있는 유전자인 DNA 또는 RNA도 가지고 있죠. 또 그들은 누구의 조종도 받지 않고, 스스로 자신의 존재를 이어가기 위해 치열하게 노력합니다.

그런데 한편으로 생각해보면 혼자 살아갈 수 없는 건 비단 바이러스만이 아닙니다. 사실 그 어떤 생물도 온전히 혼자서 살아갈 순 없습니다. 예컨대 자손 번식을 위해서는 교배를 해야 하고, 생명을 유지하기 위해 다른 생물을 먹어야 하니까요. 다시 말해 바이러스뿐만 아니라 다른 생물도 자신의 존재를 이어가기 위해서는 반드시 일정 부분이라도 다른 생물의 도움을 받고 있다는 뜻입니다. 단지 바이러스는 유전자 정보로만 존재하기 때문에, 번식이나 생명 유지를 위해 다른 생물의 세포와 몸이 필요할 뿐이죠. 그럼 지금까지의 내용을 바탕으로 하면 바이러스의 특징은 다음과 같이 정리해볼 수 있겠군요.

바이러스는 스스로 생명 활동을 할 수는 없다. 스스로 단백질을 합성할 수 없기 때문이다. 하지만 다른 생물의 세포를 통해서는 가능하다.

그렇다고 바이러스가 로봇은 아닙니다. 로봇은 사람이 입력한 정보에 따라 수동적으로 움직이지만(여기서 스스로 생각하는 인공지능 로봇 개발에 관한 논의는 잠시 접어두기로 하죠), 바이러스는 스스로 유전 정보를 가지고 자신의 본능에 따라 살아가기 때문입니다. 그래서 일부 사람들은 바이러스를 생명체도 아니고 무생물도 아닌 중간적 존재로 간주하기도 합니다.

파면 팔수록 수상한 존재, 바이러스

좀 찜찜하긴 하지만, 바이러스의 존재는 대충 이렇게 정리가 되는 것 같았습니다. 그런데 또다시 문제가 발생합니다. 바로 2003년에 발견된 미미바이러스라는 거대 바이러스가 때문입니다. 미미바이러스는 세균과 맞먹을 만큼 크고, 방대한 양의 유전정보까지 갖추었죠. 심지어 기존에 바이러스에 대해 알아낸 것과 달리 스스로 단백질을 만들어낼 수 있는 합성효소도 가지고 있다고 알려졌습니다. 그런데 심지어 미미바이러스보다 더욱 진화된 바이러스도 발견되었습니다. 최근에 오스트리아 클로스터노이부르크의 폐수처리장에서 발견된 클로스노바이러스는 거의 완벽한 단백질 합성체계를 갖추고 있는 것이 발견되었습니다. 그래서 클로스노바이러스를 가리켜 '프랑켄슈타인 바이러스'라고 부른다고 합니다. 인간인 듯 인간 아닌 프랑켄슈타인처럼 생물도 아닌 것이 생물과 거의 유사한 특징을 가지고 있기 때문이지요. 이 거대 바이러스는 아직 스스로 단백질을 만들어내지는 못하지만, 가능성은 가지고 있는 것으로 보입니다.

클로스노바이러스
바이러스계의 프랑켄슈타인이라 불리는 이 바이러스는 오스트리아의 폐수처리장에서 처음 발견되었다. 이 바이러스는 거의 완벽한 단백질 합성체계를 갖추고 있다고 한다.

과학이 크게 발달한 현재까지도 바이러스의 존재는 여전히 생물과 무생물의 어느 중간 지점에서 갈팡질팡하고 있습니다. 이는 흡사 '테세우스의 배' 논쟁을 연상시킵니다. 테세우스의 배는 배를 구성하는 부품들이 한 조각 한 조각 바뀌기 시작하다가 결국 완전히 새로운 재료로 이루어지게 됩니다. 그 전의 테세우스 배와는 완전히 다른 배가 된 것이죠. 하지만 과연 어느 시점부터 다른 배가 되었다고 할 수 있는지를 정확히 판단하기란 참으로 어려운 문제입니다.

생명이라는 존재의 정의도 마찬가지입니다. 생명체가 갖춰야 할 수많은 조건들 중에서 대체 어디까지 만족시켜야 생명의 범주로 넣을 수 있을 것인지는 생물학적인 문제를 넘어 굉장히 철학적인 문제입니다. 그리고 이는 인간에게 적용해도 마찬가지입니다. 예컨대 최초의 정자와 난자는 인간일까요? 수정란은요? 그럼 도대체 언

➕ 테세우스의 배 이야기

테세우스의 배는 그리스 신화에 등장하는 이야기입니다. 테세우스는 그리스 신화에서 미노타우로스라는 괴물을 해치운 영웅입니다. 테세우스가 죽고 그가 탔던 배는 아테네인들이 소중하게 보관하고 있었는데 시간이 지날수록 나무로 만들어진 부분이 부식되기 시작한 것입니다. 그래서 부식된 헌 널빤지를 뜯어내고 튼튼한 새 목재를 덧대어 붙이기를 거듭하니, 어느새 모든 부품이 새 것으로 바뀌게 된 것입니다. 그럼 과연 모든 부품이 바뀐 배는 테세우스의 배라고 할 수 있을까요?

제부터 인간이라고 부를 수 있는 걸까요? 그리고 이러한 다양한 질문은 배아줄기세포 연구에 대한 윤리적인 논쟁을 촉발시킨 원인이 되기도 했죠.

바이러스를 하나의 생명체로 볼 것인지에 대한 논쟁만으로도 이렇듯 다양한 철학적 질문을 던지게 만듭니다. 이제부터 우리는 생명이라는 것에 대해 근본적으로 다시 생각해보아야 할지 모릅니다.

이런 근본 없는
희한한 녀석을 보았나…

드라마 같은 데서 보면 종종 '친자 검사'라는 말이 나옵니다. 이것은 부모와 자식 간 유전자 일치도를 확인하는 검사이죠. 인간은 모두 부모에게 유전자를 물려받습니다. 아무리 성형수술로 겉모습을 이리저리 바꿔도 타고난 유전자까지 바꿀 순 없죠. 그리고 우리는 모두 어머니의 뱃속에서 처음 생겨나고 일정 기간 성숙한 후에 태어납니다.

마치 불사조처럼 기이한 바이러스의 생사

그럼 바이러스는 어디에서 어떻게 태어날까요? 일단 바이러스에게는 우리와 같은 부모와 자식의 관계가 성립하지 않습니다. 차라리

자기복제에 가깝죠. 바이러스는 숙주인 다른 동물이나 곤충 또는 식물의 세포를 통해 자신의 유전 정보를 그대로 복제합니다. 이렇게 바이러스가 다른 생물의 세포를 통해 자기 복제하는 것이 바로 우리가 코로나19를 통해 지긋지긋하게 경험한 감염입니다. 감염병이 널리 확산되는 것은 바이러스가 왕성하게 자기복제를 하고 있다는 뜻이죠. 따라서 우리에게 감염은 병에 걸리는 것을 의미할지 몰라도, 바이러스에게는 새로운 가족을 꾸리고 자신의 터전을 잡는 과정입니다. 이 터전이 바이러스에게는 곧 숙주가 됩니다.

그럼 바이러스는 죽지 않고 계속 증식만 할까요? 그건 불가능합니다. 모든 생물이 언젠가는 죽는 것처럼 이 희한한 녀석도 언젠가는 죽습니다. 하지만 여기에서도 생물과는 엄연히 다른 점이 있습니다. 왜냐하면 생물의 경우 자신의 수명이 다하여 죽는 것이지만, 바이러스는 자신의 수명에 좌우되지 않기 때문이죠. 엄밀히 말해 바이러스에게는 우리와 같은 수명이 없습니다. 바이러스는 숙주의 생명이 다할 때 함께 죽습니다. 바꿔 말하면 숙주만 있다면 바이러스는 영원히 살아갈 수 있다는 뜻입니다. 마치 불사조처럼 말이죠. 어떤 바이러스가 있는데, 그 종이 계속 존재를 이어간다면 바이러스의 입장에서는 이것이 곧 생존입니다. 다시 말해 바이러스에게 죽음이란 더 이상의 번식 가능성이 사라진 상태를 의미하죠.

이런 점에서 바이러스의 생사는 인간이나 다른 생물과는 확연히 다릅니다. 우리 인간에게 중요한 것은 개체의 죽음입니다. 개체가 죽으면 종의 생사는 크게 중요하지 않죠. 어차피 내가 죽으면 그 뒤의 일은 솔직히 상관할 바 아니니까요. 하지만 바이러스에게 개체의 생존은 큰 의미가 없습니다. 바이러스 입자 하나가 없어지는 것은 흔적조차 남지 않죠. 중요한 것은 바이러스의 종이 숙주를 계속 감염시키면서 생존을 유지해갈 수 있는가입니다.

전 세계를 패닉으로 몰아넣은 코로나19를 예로 들어볼까요? 하루에도 감염자가 계속 생겨나고 또 회복되는 사람도 있습니다. 그런데 어느 한 사람이 코로나19에서 치료되었다고 해서 코로나19 바이러스가 죽은 것은 아닙니다. 왜냐하면 코로나19 바이러스는 여전히 다른 수많은 숙주들을 매개로 해서 생을 이어가고 있으니까요.

바이러스도 숙주에게 적응할 시간이 필요하다?

그런데 이상하지 않나요? 바이러스의 입장에서는 숙주가 오래 살아야 자신도 오래 살 수 있는데, 우리는 왜 바이러스에 감염되면 병에 걸리고, 최악의 경우 죽기도 하는 걸까요? 여기서 우리가 흔히 하는 오해 하나를 바로잡을 필요가 있습니다. 바이러스에 감염되었다고 해서 모두 병에 걸리거나 죽는 것은 아니라는 겁니다.

실제로 대부분의 바이러스는 숙주가 되는 생물들과 잘 공존합니다. 감염병과 관련된 바이러스들이 워낙 세상을 떠들썩하게 만들다 보니 바이러스는 무조건 숙주에게 병을 유발한다고 생각하는 거죠. 하지만 바이러스가 병을 유발하는 이유 또한 익숙하지 않은 새로운 생물체에 들어와서 적응하려는 일종의 발버둥입니다. 즉 낯선 생명체와 어떻게 공존해야 할지 몰라 우왕좌왕하는 거죠.

우리 인간도 마찬가지 아닐까요? 새로운 학교로 전학을 갔다고 합시다. 이전에 다녔던 학교와 다른 환경, 다른 친구들, 다른 선생님들을 처음 보면 낯설고 어색하기만 합니다. 새로운 학교에 적응하기까지는 시간이 필요하죠. 적응하는 동안에 새 친구들이나 선생님과 갈등이 일어나기도 하고, 울컥 서러운 마음이 들기도 합니다. 그냥 예전에 다니던 학교로 다시 돌아가고 싶은 마음에 향수병에 걸리기도 하죠. 비록 똑같다고 말할 순 없지만, 바이러스가 병을 유발하는 것 또한 새로운 숙주에 적응하기 위해 겪는 일종의 갈등 과정입니다. 그래서 시간이 지날수록 바이러스는 독성이 줄어들고, 감염력이 증가되는 형태로 진화하죠. 결국 바이러스의 최종 목적은 숙주에 안정적으로 정착하여 살아남는 것이니까요.

철학자 스피노자는 인간의 가장 기본적인 본성으로 자기보존의 욕구를 꼽습니다. 인간의 모든 행위는 자기보존의 가능성을 넓히기 위한 것이라고 볼 수 있습니다. 바이러스도 마찬가지입니다. 누군가에게 고통을 주거나 죽이는 것은 바이러스의 목적이 아닙니다. 그저 최대한 자신의 존재를 지속시킬 방안이 무엇인지 고민하는 것뿐입니다.

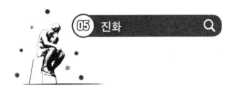

숙주에 맞춰
시시각각 변화하는 불굴의 개척자

숙주 없이 살아갈 수 없는 바이러스에게 있어 감염은 생존을 위한 불가피한 선택입니다. 끊임없이 최대한 많은 숙주를 개척해야만 오래 생존할 수 있으니까요. 마치 신대륙을 탐험하는 개척자 같습니다. 숙주를 찾은 바이러스는 숙주와의 안정적인 관계 유지가 중요합니다. 또 바이러스의 입장에서는 다양한 대안들을 마련해놓는 것이 좋습니다. 혹시라도 자신이 머물던 숙주가 잘못되기라도 하면 얼른 다른 숙주로 옮겨가야 하니까요.

숙주의 문을 열고 들어가기 위한 바이러스의 몸부림

SF영화를 보면 종종 인간을 숙주로 삼는 외계인이 등장합니다. 대부분 자신의 성장을 위해 숙주를 무자비하게 파괴해버리는 무시무시한 존재로 묘사되곤 하죠. 그리고 머물던 숙주가 죽으면 또 다른 숙주로 아무렇지 않게 척척 옮겨갑니다. 바이러스가 생존을 이어가기 위해서는 새로운 숙주가 필요하지만, 이는 영화에 묘사된 것처럼 결코 간단한 일이 아닙니다.

일단 바이러스라고 해서 모든 생물체에 기생할 수 있는 것은 아닙니다. 바이러스를 둘러싼 단백질인 스파이크가 숙주의 세포 수용체를 통과할 수 있어야 하기 때문이죠. 스파이크는 일종의 '열쇠'라고 생각하면 이해하기 쉽습니다. 모든 세포는 외부의 침입을 막기 위한 '문'을 가지고 있습니다. 바이러스가 가지고 있는 열쇠가 이 문에 맞지 않으면 열리지 않기 때문에 세포 속으로 들어갈 수 없죠.

하지만 바이러스는 문이 열리지 않는다고 포기하는 법이 없습니다. 바이러스는 새로운 생물체에 들어가기 위해 스스로 변신합니다.

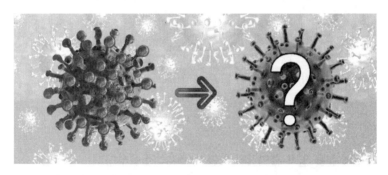

바이러스의 진화
생존을 위해 숙주가 필요한 바이러스는 다른 생물체로 잘 침투할 수 있어야 계속 살아남을 수 있다. 이러한 변신이 바이러스에게는 곧 진화이다.

열쇠 구멍에 적절한 모습으로 말이죠. 이것이 바이러스에게는 진화입니다. 바이러스뿐만 아니라 모든 생물은 진화를 해왔습니다. 적게는 수만 년부터 수십 억 년에 걸쳐 진화를 해왔죠. 진화는 생존과 번식에 최적화된 방향으로 이루어집니다. 어쨌든 퇴화되지 않고 자신의 유전자를 남기는 것은 환경에 잘 적응했다는 뜻이니까요.

찰스 다윈에 의하면 진화는 종 전체가 어느 날 갑자기 동시다발적으로 이루어지는 것이 아닙니다. 특정 개체에서부터 어느 날 우연히 시작됩니다. 다시 말해 어느 유전자가 다음 세대에 전달되는 과정에서 특정 개체에 돌연변이를 일으킵니다. 대부분의 돌연변이는 환경에 적응하지 못한 채 사라지는데, 간혹 돌연변이로 인해 환경에 훨씬 더 잘 적응하게 되는 경우가 있습니다. 이런 돌연변이는 사라지지 않고 그 변이된 유전자는 다시 후세대로 전달되게 됩니다. 이를 가리켜 다윈은 자연선택이라고 표현했습니다. 그 변이된 유전자를 자연이 선택했다는 것이죠. 그런 돌연변이들이 아주 오랜 시간에 걸쳐 계속 태어나고 살아남는 과정이 바로 진화입니다. 그래서 대부분의 생물은 진화에 아주 오랜 시간이 필요합니다.

변신의 귀재이자 적응력 끝판왕

인간이나 다른 동물들이 진화하는 데는 수대를 걸친 실로 오랜 시간이 필요한 것과 달리 바이러스에게는 그리 오랜 시간이 필요하지 않습니다. 사실 그렇게 능장을 부릴 만큼 여유가 없다고 보는 게 어쩌면 더 정확한 표현일지도 모르겠습니다. 속도만 놓고 비교하면 인간의 한 세대 동안 바이러스는 무려 수십만 세대를 거듭할 수 있습니다. 지구상의 그 어떤 생물도 따라올 수 없을 만큼 빠른 속도를 자랑하죠.

진화를 기준으로 본다면, 바이러스는 지구에서 가장 성공적으로 정착한 주민일 것입니다. 바이러스의 잠재력이나 적응력은 지구상에 알려진 모든 생물들을 훌쩍 능가합니다. 그만큼 뛰어난 변이 능력을 자랑하죠. 변이를 잘 한다는 것은 곧 숙주에 잘 적응한다는 것이며, 그만큼 다양한 생물에 기생할 수 있는 능력이 뛰어나다는 것을 의미합니다. 심지어 어떤 바이러스는 동물과 인간을 가리지 않고 기생할 수도 있습니다. 다시 말해 '종간 이동'이 가능하다는 것입니다. 이것은 숙주가 꼭 필요한 바이러스의 입장에서는 대단히 유용한 능력입니다. 자신의 숙주가 바이러스에 대한 면역 능력을 획득하면 언제든 다른 숙주로 이사할 수 있으니까요.

예를 들어볼까요? 앞으로 좀 더 다양한 바이러스들을 살펴보겠지만, 소아마비를 일으키는 바이러스는 인간에게만 기생할 수 있었습니다. 그래서 소아마비 백신이 개발되자마자 쉽게 종식이 되고 말았죠. 하지만 종간 이동이 가능한 에볼라나 인플루엔자 바이러스는 그렇지 않을 겁니다. 왜냐하면 인간에게 기생하기 힘들면 일단 다른 생물체로 옮겨 기생했다가 변이를 거쳐 다시 침범해올 수 있기 때문입니다.

사실 우리 인간도 그렇지 않나요? 어떤 어려운 환경 속에서도 유연한 태도로 잘 적응하는 사람일수록 사회적으로 성공을 거두는 경우가 많습니다. 말하자면 적절하게 융통성을 발휘하는 거죠. 때론 융통성을 넘어 진짜 모습인지 무엇인지 헷갈릴 만큼 상황에 따라 확확 달라지는 사람도 있습니다. 실제로 사회에서 이런 사람들을 만나면 조심해야 하는 경우도 많습니다. 워낙 필요에 따라 자신의 모습을 쉽게 바꾸다 보니 좀처럼 자신의 본모습을 드러내지 않기 때문입니다. 흔히 말하길 속을 알 수 없는 사람이죠.

바이러스도 마찬가지입니다. 변이에 능한 바이러스일수록 인간에게는 골칫덩어리인 경우가 많습니다. 맞춤형 치료약이나 백신 개발이 그만큼 힘들 수밖에 없기 때문입니다. 하나의 바이러스가 다른 세포를 통해 복제되어 나오는 과정에서 전혀 새로운 모습으로 나오기도 합니다. 그래서 RNA 바이러스가 DNA 바이러스보다 더 위험하다고 합니다. RNA는 DNA에 비해 불안정하기 때문에 훨씬 더 쉽게 돌연변이가 탄생하기 때문이죠. 에이즈나 코로나19와 같은 바이러스가 바로 RNA 계열 바이러스입니다. 왜 이렇게 백신이나 치료제 개발이 어려운지 조금은 알 것 같죠?

특히나 코로나19는 변신의 귀재입니다. 이런 식으로 코로나19가 계속 변이를 일으킨다면, 우리는 앞으로도 영원히 코로나19와 함께 살아가야 할지도 모릅니다. 코로나19가 하루빨리 사라지기를 바라는 것보다 차라리 함께 공존할 수 있는 방법을 찾아내는 것이 어쩌면 훨씬 더 생산적일 수 있겠네요.

살아남기 위해
한시도 멈출 수 없는 고단한 여정

코로나19가 유행한 이후, 사회적 거리두기를 통해 우리 생활의 많은 것이 달라졌습니다. 예컨대 원격수업이 학교의 평범한 일상 중 하나로 자리를 잡았고, 많은 회사에서 대면회의나 만남을 최대한 자제하거나 아예 재택근무를 독려하기도 했죠. 이토록 우리 생활을 빠르게 바꾼 이유는 바이러스가 워낙 이곳저곳으로 급속하게 퍼져나갔기 때문입니다.

바이러스가 지구 곳곳을 누비는 비밀

바이러스는 어떻게 이동할까요? 코로나19와 관련된 뉴스에서 봤듯이, 감염자 수가 폭증할 때는 하루에도 엄청난 수의 신규 감염자가 속속 생겨났습니다. 비단 코로나19뿐만 아니라 한 지역에서 시작된 바이러스 감염이 순식간에 전 세계로 퍼지기도 합니다.

바이러스가 혼자의 힘으로 그렇게 빨리 이동한 걸까요? 당연히 아니죠. 바이러스는 스스로 이동할 수 없습니다. 공기 중에서는 불과 몇 시간 또는 길어야 며칠을 버티는 게 고작이니까요. 앞서도 이야기한 것처럼 바이러스는 숙주 없이는 살아갈 수 없습니다. 생존하려면 다른 생물체의 몸이 필요하죠. 바로 이것이 세균과의 차이입니다. 세균이나 미생물 역시 인간의 눈에는 보이지 않을 정도로 작지만, 스스로 이동도 하고, 먹이를 찾으러 다닙니다. 이렇게 비교해보면 바이러스는 굉장히 연약한 존재라고도 할 수 있겠네요.

그럼 도대체 바이러스는 어떻게 그토록 빠르게 퍼질 수 있는 걸까요? 사실 꼭 자신의 힘으로 움직여야만 번식을 할 수 있는 건 아니죠. 예컨대 식물을 생각해보면 쉽습니다. 식물 역시 스스로는 이동할 수 없지만, 수정을 통해 여기저기에 자손을 퍼뜨립니다. 그것은 나비나 벌과 같은 곤충이 있기에 가능한 것입니다. 나비가 꽃의 수정을 도와주기 때문이에요. 나비는 식물의 꿀을 얻어가는 과정에서 다른 장소로 꽃가루를 전달하는 역할을 합니다. 나비나 벌이 식물 간의 수정을 돕는 운반자 역할을 하는 셈입니다.

바이러스도 비슷합니다. 스스로는 움직일 수 없으니, 다른 생물체의 도움을 받는 거죠. 이를 매개숙주라고 합니다. 한 생물에서 다른 생물로 이동하기 위해서는 매개숙주의 도움이 있어야 하죠. 대표적인 매개숙주로는 모기가 있습니다. 모기는 다양한 바이러스를 옮기는 것으로 유명합니다. 많은 사람들이 두려워하는 댕기열, 말라리아와 같은 감염병은 모두 모기가 옮기는 바이러스입니다. 물론 모든 모기가 이러한 질병을 전파하는 건 아니고, 특정한 바이러스를 옮기는 모기는 정해져 있습니다. 주로 열대지방에 서식하고 있죠.

그런데 최근에는 지구온난화로 인해 평균기온이 높아지면서 모기의 서식지 또한 점차 확대되고 있습니다. 모기의 서식지가 확대된다는 것은 바이러스가 이동할 수 있는 범위도 함께 늘어난다는 뜻이겠죠. 기후위기와 바이러스로 인한 감염병의 확대를 결코 별개의 문제로 볼 수 없는 이유이기도 합니다.

알게 모르게 바이러스 전파를 촉진하는 현대사회

모기와 같은 매개숙주를 통하는 것 말고도 바이러스가 이동할 수 있는 방법은 또 있습니다. 바로 바이러스에 감염된 생물과의 직·간접적인 접촉을 통해서입니다. 주로 침이나 체액 등을 통해서 이동하는데, 이를 비말감염 또는 공기전파라고 합니다. 코로나19 바이러스는 비말, 즉 침방울을 통해 전파되는 바이러스로 알려져 있습니다. 그래서 사람들이 좁은 장소에 많이 모여 대화를 나누거나 웃거나 하면 그 과정에서 비말이 분사되어 바이러스가 손쉽게 이동을 할 수 있기 때문에 사회적 거리두기의 중요성을 강조하는 거죠.

바이러스를 가진 한 사람이 이동하는 것은 대략 수십 만에서 수

억 마리의 바이러스가 이동하는 것과 같다고 합니다. 때론 단 한 사람이 아주 많은 사람들에게 바이러스를 옮길 수도 있죠. 이런 사람을 가리켜 흔히 '슈퍼전파자'라고 합니다. 역사적으로 유명한 슈퍼전파의 사례로는 사스(SARS coronavirus, SARS-CoV)가 있습니다. 사스 발생 당시 중국 광저우에서는 한 남자가 76명의 사람들에게 사스 바이러스를 전파한 사례가 있죠. 그래서 그를 '포이즌킹(Poison King)'이라고 불렀다고 합니다. 그리고 우리나라의 경우도 코로나19 대유행의 서막이 열린 대구 집단감염도 시작은 한 사람의 슈퍼전파자로 알려져 많은 사람들이 깜짝 놀라기도 했죠.

아울러 교통의 발달 또한 바이러스의 이동을 훨씬 빠르고 넓게 만들고 있습니다. 바이러스에 감염된 사람이 배, 자동차, 비행기 등을 타고 전 세계를 이동할 수 있다는 것은 결국 바이러스도 함께 세계 곳곳을 누빌 수 있다는 뜻이니까요. 바이러스 감염과 관련된 영화 《컨테이젼(2011)》에서는 한 감염자가 홍콩에서 비행기를 통해 이동하면서 머무는 곳마다 사소한 행동들, 예컨대 테이블이나 식기 등을 무심코 만지고, 누군가와 대화를 나누며 웃거나, 가벼운 기침을 하는 등의 행동을 통해 흔적을 남기면서 결국 바이러스가 전 세계적으로 퍼지는 것을 보여줍니다.

과거에 비해 오늘날 바이러스가 쉽게 퍼질 수 있다고 경고하는 이유는 이 때문입니다. 먼저 기후위기로 인해 매개숙주인 모기의 서식지는 점점 넓어지고 있습니다. 그리고 도시화로 인해 사람들은 좁은 지역에 모여서 살고 있습니다. 아파트를 생각해보세요. 엘

리베이터만 타도 서로 다닥다닥 붙어 있을 수밖에 없습니다. 그리고 교통의 발달로 이동거리와 속도는 과거와 비교해 상상할 수 없을 정도로 빨라지고 또 넓어졌습니다. 생존을 위해 어디로든 이동이 간절한 바이러스의 입장에서는 '참 좋은 세상'이 온 것입니다.

바이러스, 종을 뛰어넘다!

여러분 혹시 인수공통감염병이라고 들어보셨나요? 앞에서 바이러스와 숙주의 관계에 대해 이야기하면서 바이러스가 인간뿐만 아니라 다른 동물에게도 옮겨갈 수 있다는 얘기를 잠깐 했습니다. '인수공통감염병'이란 바로 동물의 바이러스가 인간으로 옮겨가서 생겨나는 감염병을 말하는 것입니다. 쉽게 말해 동물과 인간이 공통적으로 감염될 수 있는 병이라는 뜻이죠.

어디든 가리지 않고 잘 사는 바이러스가 있다!

원래 동물이 걸리는 병과 인간이 걸리는 병은 다릅니다. 세균이든 바이러스든 서식지가 달라지면 잘 생존하지 못하고 사멸하니까요.

생각해보세요. 여름에는 에어컨이 빵빵하고, 겨울에는 난방이 잘 된 환경에서 생활하다가 갑자기 사막이나 무인도 한가운데 내팽겨져 혼자 알아서 살아가라고 하면 어떨까요? 당연히 막막할 수밖에 없고, 이는 바이러스도 마찬가지입니다. 웬만하면 자신이 살던 곳에서 잘 나오려고 하지 않는 속성은 크게 다르지 않다는 뜻입니다.

하지만 종을 뛰어넘어 생존하는 바이러스도 있습니다. 우연한 돌연변이가 오히려 생존에 유리하여 이를 대대손손 전달하며 진화를 이뤄낸 것처럼 바이러스도 우연히 종을 뛰어넘어 이동했는데 이것이 오히려 생존에 유리해지면서 사멸 대신에 변종으로 진화에 이른 사례라고 할 수 있겠죠. 종을 가리지 않은 전파를 종간

천산갑
우리에게는 좀 낯선 동물인 천산갑은 WHO가 코로나19 중간숙주로 주목하면서 알려졌다. 주로 밤에 활동하며, 중국 남부, 대만, 미얀마, 말레이시아, 아프리카 등지에 분포한다. 몸 위쪽은 이마에서 꼬리 끝까지 비늘로 덮여 있고, 몸 아래쪽은 비늘 대신 털만 있다. 주둥이가 뾰족하고 개미핥기처럼 긴 혀로 먹이를 핥아먹는다.

바이러스
철학을 만나다

전파, 즉 스필오버(spillover)라고 합니다. 영어의 'spillover'는 흘러넘친다는 뜻을 가지고 있습니다. 바이러스가 기존의 자연숙주에서 흘러넘쳐 다른 숙주로 전파된다는 뜻으로 해석할 수 있겠군요.

　사실 코로나19 또한 종간 전파의 예라고 볼 수 있습니다. 사실 코로나19는 원래 박쥐와 공존하던 바이러스였는데, 이것이 인간에게 전파된 것입니다. 물론 박쥐에서 인간으로 곧바로 전파되지는 않았을 것입니다. 현재까지는 중간숙주로 '천산갑(Pangolin)'이 유력하게 거론되고 있습니다.[3] 중간숙주를 거치면서 인간의 몸에서 살아갈 수 있는 형태로 변형이 이루어진 것이죠. 우리가 잘 아는 독감역시 인플루엔자 바이러스가 조류에서 돼지를 거쳐 인간에서 전파된 것입니다.

　물론 바이러스는 인간뿐만 아니라 동물 간에도 전파가 됩니다. 그런데 이렇게 종간 전파된 바이러스는 굉장히 치명적인 경우가 많습니다. 왜냐하면 바이러스가 새로운 숙주에 제대로 적응하지 못하기 때문입니다. 그래서 숙주의 신체 내에서 온갖 문제를 일으키는 것입니다. 전 세계인들을 공포로 몰아넣은 에볼라, 메르스, 니파, 마르부르크 출혈열 등의 악명 높은 감염병들은 모두 종간 전파된 바이러스로 인한 인수공통감염병입니다.

---

3. 하지만 미국 월스트리트 저널에 따르면 중국에 파견된 WHO 코로나19 기원 조사팀이 코로나19의 중간숙주는 천산갑이 아닌 족제비나 토끼, 오소리일 가능성이 있다고 밝혔다는 점에서 아직 코로나19 중간숙주가 무엇인지는 불확실하다.

인간의 이기심이 스스로를 바이러스의 타겟으로 만들다

그럼 오랜 시간 멀쩡히 머물던 숙주에서 계속 잘 지낼 일이지, 왜 인간에게로 전파된 것일까요? 혹시 인간에게 무슨 악감정이라도 있나 의심이 들 수도 있습니다. 하지만 앞에서도 말했듯이 바이러스는 오직 자신을 복제하고자 하는 본능밖에 없습니다. 악감정 따위 품을 수 있는 존재가 아니죠.

인간에게 바이러스가 전파된 이유는 2가지 정도로 생각해볼 수 있을 것 같습니다. 우선은 자신이 오랜 시간 머물러온 '숙주의 개체 수 감소' 때문일 것입니다. 자신이 살아갈 숙주의 개체수가 줄어들면 결국 함께 멸종할 수밖에 없으므로 살길을 모색하기 위해 또 다른 숙주를 찾아낸 거죠. 사실 지구상에서 우리 인간처럼 이기적인 존재도 드뭅니다. 오직 인간의 편의를 앞세워 다른 동물들의 무분별한 포획과 학살을 일삼았으며, 그들의 서식지를 무차별적으로 파괴했습니다. 게다가 도시개발, 지구온난화와 환경오염 등으로 살곳을 잃은 지구상의 많은 동물들이 점점 더 멸종위기로 내몰리고 있죠. 부메랑은 결국 우리 인간에게 돌아오고 있습니다. 지구상에서 다른 동물들이 사라질수록, 바이러스는 자신의 생존에 가장 유리한 타깃(target)으로 '인간'을 노릴 수밖에 없을 테니까요.

두 번째는 '우연'입니다. 우연하게 박쥐가 먹다 버린 음식이나 배설물을 다른 동물이 먹으면 바이러스에 감염됩니다. 그리고 그 동물을 인간이 먹으면 바이러스까지 함께 몸속에 들어오게 되는 거죠. 이러한 우연 또한 인간이 자초한 것일 수 있습니다. 우연이 반복되면 필연이라는 말도 있듯이 인간의 욕심이 우연을 반복하게 만들었다는 뜻입니다. 예컨대 야생동물은 원래 인간 사회에서 멀리 떨어진 밀림이나 숲속에서 살았기 때문에 살면서 잘 마주칠 일이 없었습니다. 하지만 환경파괴로 인해 서식지가 줄어들자 어쩔 수 없이 인간 사회로 침투하게 되었습니다. 예컨대 뉴스에서 종종 마을에 멧돼지, 여우 등의 야생동물이 출몰하고, 아파트촌에 야생 박쥐가 돌아다닌다는 보도를 접한 적이 있을 것입니다. 그저 신기하다고 생각하며 넘길 일이 아니라, 왜 그것들이 굳이 인간 세상을 누비고 다니게 되었는지에 관해 곰곰이 생각하고 적극적으로 대책을 마련할 때입니다.

더욱이 인간은 지금 지구상에서 가장 많은 개체 수를 보유하고 있습니다. 그리고 가장 넓은 곳에 걸쳐 분포하고 있죠. 또한 대도시의 경우 편의시설이 잘 형성된 특정 지역에 많은 사람들이 모여 살기 때문에 바이러스가 전파되기에 한층 더 유리한 환경을 만들고 있습니다. 만약 이러한 환경을 계속 만들어간다면 바이러스의 입장에서는 눈을 감고 뛰어도 어느새 인간에게 전파될 확률이 가장 높을 수밖에 없는 것입니다.

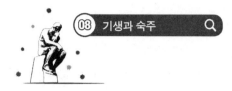

공생할 것인가,
공멸할 것인가?

지구상의 모든 동식물은 바이러스의 숙주가 될 수 있습니다. 앞서도 말했지만 바이러스는 숙주의 세포 속에서만 살 수 있으니까요. 그래서 오랜 생활 함께 공생해온 숙주에 대해서는 바이러스도 별다른 질병을 일으키지 않죠. 말하자면 바이러스와 숙주가 공존할 수 있는 어떠한 균형점을 찾은 것입니다.

박쥐, 새로운 숙주를 물색하던 바이러스의 매개가 되다

때때로 너무 오랜 시간 숙주와 함께한 바이러스는 아예 숙주의 일부가 되기도 합니다. 실제로 인간의 DNA 중 약 8퍼센트는 바이러스에서 유래된 것으로 밝혀졌다고 합니다. 아주아주 먼 옛날 인간의 몸에 침입했던 바이러스가 계속 몸 안에서 머물고 정착하면서 자연스럽게 그 일부가 되어버린 거죠. 하지만 모든 바이러스가 이런 해피엔딩을 맞이하는 건 아닙니다.

앞에서 바이러스가 새로운 환경에 놓이면 당황한 나머지 이런저런 갈등을 일으킬 수 있다는 얘기를 했습니다. 그래서 기존의 자연 숙주가 아닌 새로운 숙주에 들어가면, 몇몇 바이러스는 새로운 숙주에게 심각한 감염병을 일으키기도 합니다. 최근 수년간 우리 인간 사회를 들쑤셔놓은 에볼라, 사스, 메르스 등의 바이러스는 모두 다른 동물을 통해 전파된 것입니다.

특히 최근 인간의 생명을 위협하는 바이러스의 숙주로 박쥐가 많은 주목을 받고 있습니다. 심각한 감염병을 유발했던 바이러스의 대

각종 바이러스의 숙주로 지목되는 박쥐
인류의 건강과 생명을 위협하는 바이러스의 숙주로 박쥐가 유력하게 꼽히고 있다. 박쥐는 특이한 면역체계로 인해 각종 바이러스의 숙주로 알려졌다.

부분은 박쥐가 숙주였기 때문입니다. 우리가 잘 아는 메르스, 사스부터 에볼라, 광견병, 니파에 이르기까지 박쥐가 유력한 숙주로 보고되고 있습니다. 2020년 전 세계를 뒤덮었던 코로나19 역시 박쥐가 유력한 자연숙주의 후보로 거론되기도 했죠. 그런데 이상하지 않나요? 어떻게 박쥐는 이렇게 수많은 바이러스를 흩뿌리고 다닐 수 있었을까요?

그 이유를 살펴보자면, 우선 박쥐는 그 수와 종류가 많습니다. 대부분의 사람들이 잘 모르지만 박쥐는 알려진 종류만 해도 1,000종이 넘습니다. 전체 포유류의 20%를 넘게 차지하고 있다고 합니다. 그리고 수백 마리가 좁은 동굴 속에서 함께 생활하기 때문에 이 또한 바이러스가 옮겨가며 번식하기 좋은 환경입니다. 또한 박쥐는 최고 1,200km까지 날아다닙니다. 그만큼 넓은 지역에 걸쳐 이동하고 분포할 수 있다는 말이죠.

200종이 넘는 바이러스를 품고도 끄떡없는 신비의 박쥐

하늘을 날아다니기는 하지만 박쥐는 엄연히 젖을 먹여 새끼를 키우는 포유류라는 점에서 인간과 공통점이 있습니다. 그렇기 때문에 박쥐 안에 살던 바이러스는 인간의 몸으로 더욱 쉽게 옮겨갈 수 있죠. 또한 넓은 지역에 걸쳐 날아다니며 이동할 수 있어서 더 멀리 더 쉽게 바이러스를 퍼뜨릴 수 있습니다.

그런데 이보다 더 주목해야 할 중요한 사실이 있습니다. 그건 바로 박쥐는 200여 종 넘는 바이러스를 품을 수 있다는 점입니다. 이것이 무슨 말인가 하면, 박쥐는 바이러스에 감염되어도 우리처럼 몸에 심각한 이상증상을 겪지 않기 때문에, 살아가는 데 큰 문제가 없다는 것입니다. 이게 대체 어떻게 가능할까요?

그 이유는 박쥐의 독특한 면역체계 때문입니다. 우리 인간의 경우에는 몸에 바이러스가 감염되면 인터페론(interferon)[4]이라는 물질을 내보냅니다. 이 물질은 인체 내에서 바이러스의 복제를 제한하는 역할을 합니다. 그 밖에도 면역물질들이 빠르게 분비됨으로써 우리 몸은 바이러스에 대항해 필사의 공격태세를 갖추게 됩니다. 즉 면역반응을 촉진시켜 침입자인 바이러스를 무찌르기 위한 전쟁을 시작하는 거죠. 이렇듯 면역반응은 면역체계와 바이러스의 간에 벌어지는 일종의 전쟁 같은 것인데, 이때 우리는 발열이나 통증 등을 느끼게 됩니다.

그런데 박쥐는 바이러스에 감염되지 않은 상태에서도 평소 적절한 양의 인터페론을 생성한다고 합니다. 그래서 바이러스에 감염되어도 우리처럼 과도한 면역반응은 나타나지 않습니다. 우리 인간에 비하면 외부에서 침입한 바이러스에 대해 다소 느슨하게 대응하는 거죠. 그저 심각한 병원성만 통제할 뿐, 바이러스 자체를 죽이지는 않습니다. 그런데 이러한 다소 느슨한 대응책이야말로 박쥐를 바이

....
4. 바이러스에 감염된 동물의 세포에서 생산되는 항바이러스성 단백질

러스로부터 자유롭게 해줍니다. 왜일까요?

사실 면역반응은 양날의 검과 같습니다. 왜냐하면 과도한 면역반응은 때론 우리의 생명마저 위협할 수 있기 때문이죠. 즉 면역반응이 과도하게 일어나면 바이러스만 죽이고 끝나는 것이 아니라 우리 몸의 정상적인 세포까지 공격해서 급기야 죽음에 이르게 할 위험도 있습니다. 이를 전문적인 용어로 사이토카인 폭풍(cytokine storm)이라고 합니다. 바이러스가 인체에 침투했을 때 면역물질인 사이토카인이 지나치게 분비되어 정상 세포까지 공격하는 현상입니다. 종종 면역력이 약한 어린아이나 노인보다 평소 건강했던 젊은 사람들이 바이러스 감염에 의해 훨씬 더 심각한 증상으로 갑작스레 악화되는 경우가 있습니다. 이런 경우 대부분 '사이토카인 폭풍'이 원인이라고 합니다. 과거 스페인독감 유행 시에 20~30대의 젊은 층 사망률이 높았던 것도 이 때문이라고 추정하고 있죠. 하지만 평소에도 일정 수준의 면역물질을 배출하는 박쥐는 감염 상황에서도 극단적인 면역반응이 일어나지 않는다는 것입니다.

박쥐의 신비한 능력은 여기서 그치지 않습니다. 박쥐는 비행하는 동안 체온이 상승하기 때문에 면역계를 활성화시킵니다. 체온을 상승시키는 것과 면역이 무슨 관계냐고요? 인간도 아프면 가장 먼저 열이 납니다. 열이 나는 이유는 신체 내에 침입한 나쁜 세균이나 바이러스를 죽이기 위함입니다. 세균이나 바이러스는 열에 약하기 때문이죠. 시중에 체온을 높이면 면역력을 높일 수 있다고 하는 주장 또한 이러한 논리에 근거합니다. 그런데 박쥐는 비행 중에 체온이 무려 40도까지 올라간다고 합니다. 따라서 체온이 높은 박쥐의 몸 안에서는 바이러스가 활발하게 번식하지 못하는 것입니다.

　물론 박쥐 외에도 세상에 바이러스의 숙주는 매우 많습니다. 이미 수많은 동식물에서 바이러스의 흔적이 발견되고 있죠. 이렇게 수백만 년 동안 지구상의 바이러스는 수많은 숙주와의 경쟁과 갈등을 통해 살아남는 방법을 배우고 있었던 것입니다. 수백만 년이 넘는 긴 세월 동안 생존 노하우를 차곡차곡 쌓아온 바이러스를 무조건 박멸한다는 것은 사실상 불가능한 일인지도 모릅니다. 우리가 그들을 없애려고 하면 할수록 그들은 살아남기 위해 더욱 강력하게 또 우리에게 한층 더 위협적인 모습으로 진화할 테니까요.

바이러스,
인류의 역사를 바꾸다!

2020년에 언론에서 가장 많이 언급된 단어 중 하나가 바로 '코로나19'일 것입니다. 코로나19로 인해 바이러스라는 말이 일상화되었습니다. 학교에 들어가지 않은 어린아이조차 바이러스가 뭔지 대충은 짐작할 정도가 되었으니까요. 심지어 세상을 코로나19 이전과 이후로 나눠야 할 만큼 사회, 경제, 문화 등에 걸쳐 패러다임의 일대 전환을 가져왔죠.

오랜 세월 인간과 함께해온 바이러스의 흔적들

불과 10년 전까지만 하더라도 바이러스 하면, 대부분 컴퓨터에 감염되는 바이러스를 떠올렸습니다. 그만큼 바이러스가 나의 일상에 크게 영향을 주지 않았다고 생각했던 거죠. 하지만 바이러스는 인류의 역사 속에서 끊임없이 존재해왔고, 지대한 영향을 미쳐왔습니다. 예컨대 기원전 1157년에 사망한 이집트 람세스 5세의 미라 얼굴에서 천연두바이러스에 걸렸던 흔적이 발견되었습니다. 또한 고대 이집트 벽화에서도 소아마비에 걸렸던 것으로 추정되는 모습을 찾아볼 수 있습니다. 예컨대 벽화에 그려진 사람들 중 한쪽 다리가 유난히 가늘고 휘어지면서 지팡이를 짚고 있는 모습이 묘사된 거죠. 이는 오늘날의 관점에서 보면 전형적인 소아마비의 증상입니다.

또한 고대, 중세시대의 역사적 기록들에서도 다양한 바이러스의 흔적을 찾아볼 수 있습니다. 재레드 다이아몬드(J. Diamond)는 《총, 균, 쇠》라는 책에서 '총(guns)'과 '균(Germs)'그리고 '쇠(Steel)'가 인류의 운명을 바꾸었다고 하면서 특히 '균'은 세계의 역사를 바꾸는 데 결정적인 역할을 했다고 주장합니다. 이 책에서 말하는 '균'은 병원체 전체를 말하는 것으로 세균과 바이러스를 모두 포함합니다. 예컨대 백인이 아프리카나 아메리카 대륙의 원주민을 손쉽게 제압하고 식민지로 삼을 수 있었던 요인은 바이러스나 세균 덕분이라는 것입니다. 얼핏 잘 이해가 되지 않을 수도 있습니다. 예를 들어볼까요?

16세기 유럽에는 아메리카나 아프리카에는 없던 다양한 병원체가 유행했습니다. 여러 가지 유행병을 거치는 과정에서 수많은 사람들이 목숨을 잃기도 했지만, 유럽인들에게는 병원체에 대한 항체가 생성되었죠. 항체가 있다는 것은 같은 병원체가 몸에 다시 들어와도 일상생활을 하는 데 큰 지장이 없다는 것을 의미합니다.

　대항해시대에 유럽의 탐험가와 정복자들은 천연두바이러스와 그에 대한 항체를 가진 상태로 아프리카 및 아메리카 대륙으로 진출했습니다. 그리고 본의 아니게 천연두바이러스도 함께 배를 타고 이동하게 되었던 거죠. 유럽 사람들에게 묻어 아프리카와 아메리카에 상륙한 천연두바이러스로 인해 수많은 원주민이 속수무책으로 몰살을 당합니다. 기록에 따르면 남미원주민의 약 90%가 천연두로 사망했다고 합니다. 굳이 전쟁을 벌일 필요도 없이 원주민들이 바이러스 감염에 휘청거리는 사이에 유럽인들은 큰 희생 없이 신대륙을 점령하고 식민지로 삼을 수 있었던 것입니다.

구스타프 클림트의 〈키스〉
색채로 표현된 '슈베르트의 음악'이라 불리는 유명한 작품 〈키스〉를 그린 클림트도 스페인독감으로 사망했다. 스페인독감은 1918년 발생해 2년간 전 세계에서 약 2,500만에서 5,000만 명의 목숨을 앗아가며, 현재까지도 페스트를 능가하는 인류 최악의 재앙 중 하나로 꼽힌다.

그 이후로도 바이러스는 끊임없이 인류의 역사 속에서 존재감을 드러냅니다. 세계 1차대전에서 전쟁보다 더 많은 사망자를 발생시킨 주범이 있습니다. 바로 스페인독감이죠. 〈키스〉라는 작품으로 유명한 오스트리아의 유명 화가 구스타프 클림트도 스페인독감으로 사망했습니다. 미국의 대통령 루스벨트가 걸린 소아마비 또한 대표적인 바이러스 질환이며, 유명한 록 밴드 퀸의 보컬 프레디 머큐리를 사망에 이르게 한 에이즈도 모두 바이러스로 인한 것이었습니다.

날로 파괴력이 높아지는 바이러스의 위협, 그 이유는?

역사 속에서 크고 작은 존재감을 뽐내던 바이러스가 마침내 2020년, 또다시 극강의 포텐을 터뜨리고 맙니다. 팬데믹(pandemic)이라는 말을 들어보았을 것입니다. 이는 세계적으로 전염병이 유행하는 상태를 말하는데, 바이러스가 특정 국가를 넘어 세계 곳곳에서 대유행하는 현상을 의미합니다. 21세기에만 신종플루에 이어 코로나19까지 벌써 2번이나 대유행을 겪었습니다. 그전에는 1968년 100만 명이 사망한 홍콩 독감이 있었습니다.

하지만 학자들에 의하면 아주 먼 옛날에는 오늘날처럼 바이러스가 인류에게 치명적인 문제거리는 되지 않았다고 말합니다. 왜일까요? 바로 수렵 채집 생활을 했기 때문입니다. 먼 옛날에는 인구 수가 오늘날처럼 많지도 않았고, 작은 단위로 무리를 짓고, 또 서로 멀리 떨어져 살았습니다. 그래서 설사 바이러스에 누군가 감염이 된다고 하더라도 몇 사람만 감염되면 끝나는 문제였을 겁니다. 또한 동물과 인간 사이에도 일정한 영역이 정해져 있었기 때문에 서로의 영역에 깊이 침범하지도 않았습니다.

그런데 수렵 생활을 하며 여기저기 떠돌던 인간이 농경을 통해 수확을 하고, 어딘가에 뿌리를 내리며 정착 생활을 시작하면서 문제가 벌어졌습니다. 농경을 통해 안정적인 식량 공급이 되자, 인구가 빠르게 늘어나면서 자연히 집단의 크기가 엄청나게 커지기 시작했죠. 서로 멀찍이 떨어진 채 생활했던 시절과 달리 밀집된 상태로 생활하게 된 것입니다.

그리고 많은 사람들이 한곳에 모여 정착하게 되면서 또 다른 문제가 발생합니다. 일단 쓰레기가 폭증할 수밖에 없었죠. 대소변이 한곳에 모이고, 음식물 쓰레기도 늘어납니다. 그 결과 위생 상태가 나빠지기 시작했고, 사람들의 면역력이 약해지면서, 바이러스 감염에 취약해지게 된 거죠. 14세기 전 유럽에 페스트가 대유행한 것도 열악한 도시 위생 때문이었다고 합니다. 잘 알려져 있듯이 중세 유럽은 하수도 시설이 없어 용변은 변기에 모았다가 강이나 정원 또는 길거리에 버렸습니다. 자연히 도시 곳곳에는 심한 악취가 진동했겠죠. 하이힐의 기원이 길바닥에 널려 있는 똥을 밟지 않기 위해 귀족들이 높은 신을 신었던 데서 비롯된 것이라고 할 정도니까요. 심지어 많은 사람이 한곳에 모여 살았기 때문에 바이러스가 손쉽게 이동하기에 알맞은 조건까지 갖춘 거죠.

현대에 들어서는 배, 기차, 비행기 등의 교통수단을 통해 국가 간의 이동마저 빠르고 손쉽게 이루어지고 있습니다. 쉽게 말해 바이러스가 이제 인간 사이가 아니라 국가 사이를 비행기를 타고 이동하게 된 것입니다. 정확히는 비행기 같은 교통수단에 탑승한 숙주를 타고 말입니다. 바이러스로 인한 감염병의 확산이 20세기 초까지만 하더라도 20~30년 간격으로 나타났지만, 이제는 3~4년의 주기로 이루어지고 있는 이유도 이 때문으로 볼 수 있습니다.

인간의 역사 속에서 바이러스는 항상 함께해 왔습니다. 어쩌면 바이러스의 유구한 역사 속에 인간이 잠시 끼어든 것이라고 보는 편이 더 맞는 말일 수도 있겠네요. 무엇이든 간에 분명한 것은 인간이 말하는 역사의 발전은 바이러스가 쉽게 인간 사회로 들어오는 데 좋은 환경을 마련해주는 방향으로 이루어졌다는 것은 분명해 보입니다. 역사를 바꾼 바이러스에 관한 재미있는 이야기들은 이후 2장에서 좀 더 자세히 살펴볼 것입니다.

바이러스와의 전쟁과
게임체인저의 등장

바이러스는 병원체입니다. 인류가 존재했던 그 순간부터 끊임없이 바이러스는 호시탐탐 인간의 몸속에 들어와 이런저런 질병을 일으켜왔습니다. 때론 가볍게, 때론 생명까지 앗아갈 만큼 사납게 존재감을 드러냈죠. 물론 아주 옛날 사람들은 그것이 바이러스가 원인인지는 몰랐을 것입니다.

세균 감염은 항생제로 치료하지만, 바이러스는 항생제로 죽일 수 없습니다. 세포가 없으니 죽일 수가 없는 거죠. 그래서 바이러스가 숙주의 세포에 쉽게 침투할 수 없도록 해야 합니다. 그렇게 하려면 당연히 우리 세포에 튼튼한 방어벽을 갖추어야겠죠. 그것이 바로 면역입니다. 일반적으로 면역은 인체 내에서 외부의 감염이나 질병에 대항하여 병원균을 죽이거나 무력화하는 작용을 의미합니다. 그래서 우리가 가진 면역이 무너지면 병이 쉽게 발생하는 거죠.

백신은 언제부터 사용되었나?

현재로서 백신은 인간이 바이러스에 대항할 수 있는 가장 효과적인 수단으로 알려져 있죠. 역사적으로도 바이러스성 감염병으로 수많은 생명을 앗아가며 끊임없이 인류를 괴롭혀왔던 천연두, 소아마비, 홍역 등은 백신의 개발을 통해 거의 종식에 이르렀으니까요.

백신(Vaccine)이란 단어는 '소'를 뜻하는 라틴어 'Vacca'에서 유래되었습니다. 왜 하필 소일까요? 그건 최초의 백신이 소에서 드물게 나타난 '우두(cow pox)'라는 질병에서 시작되었기 때문입니다. 그당시는 천연두로 해마다 수백만 명이 사망하던 때입니다. 그런데 일부 지역에서는 우두에 걸린 사람은 천연두에 걸리지 않는다는 것을 경험적으로 알고 있었다고 합니다. 하지만 왜 그런지에 대해서 대부분 진지하게 생각하지는 않았죠. 그냥 상식처럼 알고 있었을 뿐입니다. 그저 선조들의 지혜(?) 정도로 생각했던 거죠.

그러나 대부분의 사람이 무심히 지나칠 때, 우리 인류 중 누군가는 늘 "왜?"라는 질문을 함으로써 궁극적으로 문명의 발전을 이루어냈습니다. 제너라는 사람은 바로 "왜?"라는 의문을 제기한 사람 중 한 명입니다. 제너는 그 지역의 민간요법을 과학적으로 분석하기 시작했죠. 그리고 1796년에 8세 소년에게 우두를 앓는 사람의 고름을 주입하는 방법을 시험했습니다. 이 소년은 이후 약간의 미열은 발생했지만, 곧 건강을 되찾았습니다. 그리고 다시 시험했을 때에는 감염이 되지 않았다고 합니다. 제너는 이 실험을 통해 소의 우두바이러스를 활용한 백신을 개발했고, 이 백신 개발은 1798년에 논문으로 발표되게 됩니다.

백신은 치료제가 아니다!

코로나19 팬데믹의 장기화로 사람들의 관심은 점점 더 백신에 쏠렸습니다. 그런데 혹시라도 오해하지 말아야 할 것이 있습니다. 백신은 치료제가 아니라는 점이죠. 단지 우리 몸에 바이러스에 대한 항체, 즉 바이러스를 방어하는 능력을 가질 수 있도록 돕는 역할을 합니다. 인간의 몸은 기본적으로 지구상의 어떤 동물에도 뒤지지 않는 탄탄한 면역체계를 갖추고 있습니다. 하지만 생전 처음 보는 병원체에 대해서는 정확하게 방어를 하기 어렵습니다. 앞에서도 바이러스가 처음 침투하면 낯선 환경에 우왕좌왕하면서 온갖 말썽을 일으킨다는 얘기를 하기도 했지만, 우리 면역체계도 상대에 대한 정보가 전혀 없는 상태에서는 당연히 제대로 제압할 수 없죠.

'지피지기 백전백승'이라는 말처럼 적을 모르는 상태에서는 싸움에서 이기기 어렵습니다. 그래서 백신은 약해진 병원체를 우리 몸에 미리 주입함으로써 우리 몸이 바이러스 정보를 파악하고 미리 대비할 수 있도록 준비를 시키는 것입니다. 이때 백신은 사백신과 생백신으로 나뉩니다. 생백신은 병원성이 약해진 바이러스를 우리 몸에 주입하는 것입니다. 반면 사백신은 죽은 바이러스로 우리 몸

의 면역체계를 속여 항체를 만드는 것을 의미합니다.[5]

혼히 감염병 전문가들은 바이러스의 유행을 종식시키려면 치료제보다 백신이 더 중요하다고 말합니다. 당연합니다. 백신을 통해 방패를 갖게 되면 아예 감염병에 걸리지 않을 수 있으니까요. 그리고 모든 국민이 한 사람도 빼놓지 않고 항체를 형성할 필요도 없습니다. 대략 전 국민의 60~70%만 항체가 생겨도 집단면역이 형성되니까요. 집단면역이 형성된 상태에서는 바이러스가 더 이상 감염을 시킬 숙주를 찾지 못해 스스로 사멸하게 됩니다. 바이러스는 숙주가 없으면 살아갈 수 없기 때문이죠. 이렇게 보면 백신은 나의 건강뿐만 아니라 사회 공동체의 안전을 위해서 꼭 필요한 것입니다.

하지만 일부 사람들은 백신에 대해 경계해야 한다고 말합니다. 심지어 근거 없는 가짜뉴스까지 판을 치곤 합니다. 백신의 안전성이 검증되지 않았다는 것입니다. 실제로 매년 독감 백신의 부작용에 따른 피해가 언론에 종종 보도되기도 합니다. 그래서 백신을 무작정 거부하는 사람들도 꽤 있는 것으로 알고 있습니다. 하지만 의학 전문가들은 하나같이 백신을 맞지 않아서 생기는 피해가 부작용에 따른 피해보다 훨씬 더 크다고 강조합니다. 천연두를 생각해보면 쉽습니다. 천연두는 매년 수백만 명의 환자가 생겨나고 수많은 인명을 앗아 갔지만, 백신이 개발된 이후로는 천연두로 인한 피해는 거의 찾아볼 수 없습니다.

....
5. 백신에 관한 더 자세한 내용이 궁금하다면 좀 더 전문적인 책을 찾아볼 것을 추천한다.

#코로나바이러스보다_#무섭고_#파괴적인_#가짜뉴스_바이러스

백신은 왜 개발하기 어려운 걸까?

바이러스의 유행을 잠재우려면 결국 하루라도 빨리 백신이 개발되어야 합니다. 그런데 백신 개발은 그리 쉬운 일이 아닙니다. 무엇보다 공장에서 똑같은 부품을 생산하듯 척척 찍어낼 수도 없고, 초기연구 비용도 많이 소요될 뿐만 아니라, 절차도 복잡합니다. 게다가 그런 노력을 거치고도 결국 실패로 돌아갈 가능성 또한 매우 높죠. 코로나19 팬데믹 상황에서도 일년 가까이 지나서야 백신 접종이 시작되었으니까요. 왜 이렇게 백신 개발이 더딘 걸까요? 사실 우리가 잘 아는 에볼라, 에이즈, 메르스와 같은 치명적인 바이러스에 대한 백신도 아직 나오지 않았습니다.

가장 큰 이유는 백신 개발이 매우 어렵다는 점 때문입니다. 앞에서도 설명했지만, 오랜 시간 수대에 걸쳐 이루어지는 인간의 진화과정과 달리 바이러스의 진화는 매우 빠르게 일어납니다. 즉 바이러스 자체의 변이가 너무 심하기 때문에 꼭 맞는 백신 개발에 어려움을 겪는 거죠.

무엇보다 백신은 어쨌든 병원체를 건강한 인간의 몸에 주입하는 것이기 때문에 반드시 안전성이 검증되어야 합니다. 그래서 철저하게 사전 실험이 진행되어야 하죠. 보통 4단계에 걸쳐 진행됩니다. 코로나19 백신에 관한 뉴스에서 2상, 3상 등의 표현을 종종 들어본 적이 있을 것입니다. 우선 백신 후보 물질을 탐색하여 찾아내면 전임상 단계로 동물실험을 진행합니다. 동물실험을 통과하면 사람의 인체를 대상으로 하는 임상시험에 돌입하게 되죠. 먼저 안전성을 평가하는 임상 1상은 개발된 백신의 안전한 용량을 설정하기 위해 소규모로 사람들에게 접종합니다. 임상 1상에서 백신이 면역원성 및 독성 기준을 통과하면 연구를 확대 및 연장하는 임상 2상이 시작되죠. 임상 2상은 임상시험 참가자 약 300명을 포함하며 참가자를 특성에 따라 분류해 백신의 안전성을 검토합니다. 효능을 확인하는 임상 3상은 2상에서 성공을 거둔 백신 후보를 3,000명에게까지 접종하는 대규모 연구입니다. 임상 3상은 대규모 무작위 이중맹검[6] 연구로 백신을 접종하는 사람들과 위약을 접종하는 사람들을 비교·분석해 백신 후보가 많은 사람에게 안전한지 검토하는 동시에 질병을 예방하는 데 효과적인지를 검토합니다. 이렇게 임상 3상까지 통과되어야 비로소 승인이 이루어집니다. 일반적으로는 3상까지 통과하는 데 수년의 시간이 걸리지만, 코로나19 백신의 경우는 워낙 전 세계에 걸쳐 심각한 타격을 주고 있는 만큼 급박한 사안이다 보니 임상 승인 또한 급박하게 이루어지고 있죠.

이렇듯 백신 개발은 복잡하고 어려운 일이며, 큰 비용이 드는 일입니다. 게다가 이렇게 큰 비용을 들여서 간신히 백신을 개발하더라도 바이러스가 심하게 변이를 일으키거나 종식이 되어버리면 더이상 쓸모가 없어질 수도 있습니다. 기업의 입장에서는 투자한 만

....
6. 약의 효과를 연구할 때 실험자와 실험을 받는 사람이 위약이 투여되었는지 약효 있는 약이 투여되었는지 모르게 하는 경우를 말한다.

큼 이익을 환수할 수 없기 때문에 큰 손해를 감수해야 하는 일이죠. 그래서 선뜻 백신 개발에 과감하게 투자하지 못하는 것입니다. 하지만 백신은 어느 개인을 위한 것이 아닌, 사회공동체 아니 지구상의 모든 사람들을 위한 것이 될 수 있으므로 공익의 성격을 띤다고 봐야 합니다. 예컨대 이미 국제백신연구소(IVI) 같은 비영리 국제기구에서는 개발도상국의 건강 수준을 높이기 위해 백신을 만들어 보급하고 있습니다. 여러 아시아 국가가 경쟁한 끝에 1994년에 우리나라가 유치했죠. 이곳에서는 부자 나라들뿐만 아니라 개발도상국에서 전염병으로 인해 수많은 어린이들이 사망하고 장애를 겪는 것을 막기 위해 연구와 교육활동을 수행하고 있습니다. 앞으로는 좀 더 이러한 문제에 대해서 개별 기업이나 국가의 이익을 넘어 세계 각국이 함께 머리를 모아야 할 것입니다.

모든 역사적 판단은 모든 역사가 '현재적 역사'라는 성격을 부여한다. 왜
나하면, 시간적으로 아무리 오래된 사건을 기술하더라도 실제 역사는
그러한 과거의 사건들이 생동하고 있는 현재의 필요에 의해 현재 상황
에서 판단되기 때문이다.

– 베네데토 크로체(1866–1952), 이탈리아 철학자, 역사학자

The practical requirements which underlie every historical judgment give to all
history the character of 'contemporary history' because, however remote in time
events thus recounted may seem to be, the history in reality refers
to present needs and present situations
wherein those events vibrate.

—Benedetto Croce, History as the Story of Liberty

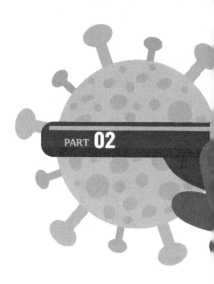

PART 02

놀라운
바이러스

"아니, 이게 다 바이러스 때문이라고?"

앞에서 우리는 바이러스의 탄생과 특성, 그리고 숙주를 필요로 하는 바이러스의 삶에 관해 살펴보았다. 단지 바이러스라는 것의 생물학적 정의를 넘어 바이러스의 생과 사를 통해서 우리 인간의 삶과 모습을 되돌아보는 시간이 되었을 것이다. 이제부터는 인류보다 앞서 지구에 터전을 잡은 바이러스가 인류의 삶 속으로 들어오는 과정에서 역사마저 바꾸게 된 사건과 관련된 재미있는 이야기들을 살펴보려 한다. 단순히 감염으로 인한 인명 피해를 넘어 사회 패러다임이 어떻게 바뀌었는지 살펴보는 재미가 있을 것이다. 이러한 역사를 돌아봄으로써 '포스트 코로나 시대', 아니 어쩌면 코로나19와 평생 함께 살아가야 할 '위드 코로나 시대'를 살아갈 우리들에게 분명 의미 있는 시사점을 줄 것이라고 생각한다.

문명의
방향을 바꾸다

　　　　　　　　　　우리 인류의 역사가 시작된 순간, 아니 그 훨씬 더 오래전부터 바이러스는 존재했고, 늘 우리 가까이에 머물고 있습니다. 그리고 역사의 중요한 순간마다 강렬한 존재감을 뽐내곤 했죠. 바이러스와 인류 역사를 이야기할 때 가장 많이 거론되는 것은 아마도 '천연두'일 것입니다. 천연두는 인류 역사상 가장 많은 생명을 빼앗은 바이러스로 꼽힙니다. 천연두는 우리말로는 '마마' 또는 '두창'이라고 불립니다. 예로부터 두려움의 대상을 칭하는 대명사처럼 사용된 '호환·마마'에 등장하는 바로 그 '마마'가 천연두입니다. 과거에는 호랑이와 동급으로 생각될 정도로 공포의 대상이었고, 가장 오랜 시간 인류를 괴롭혀온 지독한 질병이기도 합니다. 20세기 들어서만도 무려 3억 명의 사람들이 천연두로 인해 사망했다고 하니까요.

천연두, 유럽인들과 함께 신대륙을 밟다!

천연두는 영어로 'Smallpox'로 불립니다. 여기서 'pox'란 농포성 물집을 의미하죠. 이름에서 짐작할 수 있듯이 천연두에 걸리면 온몸에 농포성 물집이 생깁니다. 고름이 잡힌 두드러기가 뒤덮인다는 상상만으로도 벌써 온몸이 근질거리는 것 같고, 끔찍한 생각이 듭니다.

천연두의 역사는 무려 기원전 1157년까지나 거슬러 올라갑니다. 이집트의 람세스 5세의 미라에서 천연두 흉터의 흔적이 발견되었으니까요. 이를 통해 고대 이집트에서도 천연두가 유행했다는 것을 짐작할 수 있죠. 그리고 서기 1000년 전후에는 유럽 전역으로 퍼지게 됩니다. 인구가 늘고, 지역 간 교역이 활발해지면서 자연스레 전염병이 널리 퍼져나갈 수 있는 조건이 만들어졌기 때문입니다.

그리고 1500년대에 이르러 천연두는 유럽을 넘어 신대륙에도 흘러 들어가게 됩니다. 천연두가 유럽을 넘어 바다 저 멀리 신대륙으로까지 퍼지게 된 것은 유럽의 제국주의 정책과 깊은 연관이 있습니다. 유럽의 탐험가와 정복자들이 새로운 대륙으로 식민지를 개발하면서 천연두까지 데려온 거죠. 이 과정에서 천연두바이러스는 역사를 바꾸게 됩니다.

천연두
천연두는 Smallpox로 불리는데 이름에서 짐작할 수 있듯, 온몸이 농포성 물집으로 뒤덮이는 증상이 나타난다. 이집트의 미라에서도 흉터 흔적이 발견될 만큼 인류와 오랜 역사를 함께해왔다.

16세기 스페인의 피사로(Francisco Pizarro, ?~1541) 장군은 180여 명의 군사를 데리고 아메리카 대륙의 잉카 제국을 침략합니다. 그 당시 잉카 제국은 8만여 명의 군사를 보유하고 있는 대국이었습니다. 군사 수만 놓고 비교하자면 솔직히 게임이 되지 않는 전투였습니다. 물론 스페인은 그 당시 총을 가지고 있었기 때문에 상대에게 어느 정도 공포감은 줄 순 있었겠죠. 아마도 생전 처음 듣는 화약 소리에 잉카 제국의 군사들은 적잖이 당황했을 테니까요. 하지만 수적으로는 절대적인 열세였습니다.

피사로 장군이 겨우 180여 명의 군사만 이끌고 침략을 감행한 것도 실은 어쩔 수 없는 사정이 있습니다. 당시 유럽의 기술력으로는 수많은 군사들을 배에 태워 그 먼 거리를 옮기는 데 한계가 있었기 때문이죠. 식민지 개발이 절실했던 스페인이지만, 신대륙 진출은 한치 앞을 예상하기 힘든 승부였습니다. 그런데 그 승부의 결정적인 열쇠(Key)는 어느 누구도 예상하지 못한 존재가 쥐고 있었죠. 바로 '바이러스'입니다.

피사로 군대가 몸속에 가지고 온 천연두바이러스가 잉카 원주민 사이에 퍼지기 시작한 것입니다. 유럽 사람들은 이미 천연두 유행을 겪으면서 바이러스에 대한 항체를 가지고 있었지만, 원주민들은 그렇지 못했으니까요. 천연두바이러스가 얼마나 빠르게 퍼져나갔는지, 잉카 원주민의 80~90%가 천연두로 사망했다고 합니다. 당연히 제대로 전투를 치를 수 없었죠. 아메리카 대륙에서 가장 큰 나라였던 잉카 제국은 이토록 허망하게 유럽의 정복자들에게 땅을 내어

#침략자보다_#전쟁보다 #훨씬_더_#무자비하고_#위협적인_#바이러스의_#습격

주고 맙니다. 만약 스페인이 전쟁에서 승리하지 못했다면, 천연두가 수많은 원주민들의 목숨을 앗아가지 않았다면 16세기 이후 역사의 상당 부분이 지금과 사뭇 달라졌을지도 모를 일입니다.

그뿐만이 아닙니다. 1519년 스페인의 정복자 에르난 코르테스(Hernán Cortés, 1485~1547)는 660여 명의 병사를 이끌고 아즈텍 문명의 수도인 테노치티틀란을 침략합니다. 코르테스의 목적은 황금이었죠. 그들은 이 도시 안에 엄청난 황금이 있을 것으로 생각했으니까요. 하지만 그들에게 비록 총과 화포가 있다고 하더라도 겨우 660여 명의 군사로 20만 인구를 상대하는 것은 불가능했습니다. 실제로 전쟁 과정에서 스페인군은 거의 전멸 직전까지 갔다고 합니다. 그런데 그사이 알 수 없는 괴질이 인근 지역을 휩쓸었고, 급기야 마을이 초토화되기 시작했습니다. 이후 코르테스는 주변 부족들마저 설득해 군세를 가다듬어 재침략을 시작합니다. 이 전쟁 중에 원주민들은 전염병으로 인해 극심한 고통을 받았습니다. 실제 전투로 인해 사망한 숫자보다 전염병으로 인해 사망한 숫자가 더 많았다고 하니까요. 이 병 또한 바로 천연두였죠.

결국 코르테스가 적은 병력으로 아즈텍 왕국을 정복할 수 있었던 것도 순전히 멕시코 원주민들이 천연두로 인해 대거 사망했기 때문이었습니다. 당시 멕시코에서는 2,500만 명의 원주민이 살고 있었는데, 그중 약 1,800만 명이 천연두로 희생되었다고 합니다. 이렇게 본다면 근대 유럽이 세계를 제패하며 곳곳에 식민지를 건설할 수 있었던 것은 칼이나 총 같은 무기가 아니라 천연두바이러스 덕분이었습니다. 바이러스는 눈에 보이지 않는 유럽의 지원군이 된 동시에 원주민의 입장에서는 그동안 경험해본 적 없는 끔찍한 환란이었죠.

백신, 천연두를 제압하다

18세기에 이르면 천연두바이러스는 절정에 달합니다. 그런데 이 절정의 시기에 인류는 드디어 천연두바이러스에 대적할 수 있는 중요한 무기를 개발합니다. 바로 '백신'을 통한 예방접종이죠. 그 이전까지는 바이러스의 존재는 물론 예방접종의 개념 자체가 없었습니다.

처음부터 '백신'의 개념이 있었던 것은 아닙니다. 예방접종이 이루어진 초창기에 주요 인물로는 메리 몬터규 부인(Mary Wortley Montagu, 1689~1762)이 등장합니다. 몬터규 부인은 1714년 천연두에 걸려 얼굴에 심한 곰보 자국이 있었다고 합니다. 그런 만큼 천연두라는 병에 대해 관심이 컸겠죠. 그런데 그 당시 투르크 지역에 영국 대사의 부인으로 방문하면서, 기괴한 광경을 목격합니다. 그곳에 있는 치료사들은 천연두 환자의 피부에 난 물집에서 액체를 뽑아낸 뒤, 건강한 사람에게 주입하는 것이었습니다. 이를 '종두법'이라고 합니다. 당시로서는 기괴하기 짝이 없는 방식이었지만, 놀랍게도 이 수포액을 맞은 사람은 천연두에 걸릴 경우, 사망 확률이 10배 이상 낮아지는 효과를 보였습니다.

이후 영국의 의사 에드워드 제너가 좀 더 안전한 천연두 예방법을 개발합니다. 이 예방법에 영감을 준 사람은 다름 아닌 소젖 짜는 여인들이었습니다. 뜬금없다고요? 그 당시 영국의 일부 지역을 중심으로 소젖 짜는 여인들의 외모가 아름답다는 소문이 공공연히 퍼져 있었습니다. 무조건 외모가 뛰어난 여성만 뽑아서 소젖을 짜게 한 것도 아닐 텐데, 왜 이런 소문이 돌았을까요? 그건 그녀들에게는 곰보 자국이 없었기 때문입니다. 이 말은 다른 사람들에 비해 천연두에 잘 걸리지 않았다는 뜻이기도 하죠. 사람들 대부분이 그저 '소젖 짜는 아가씨들은 예뻐~'라고 생각할 때, 제너는 왜 그런지 이유를 궁금해했던 것 같습니다.

"그녀들은 왜 천연두에 걸리지 않을까?"

둘 사이의 인과관계를 꼼꼼히 살펴보던 제너는 중요한 사실을 발견합니다. 그 당시 소젖 짜는 여인 대부분은 특유의 직업병(?)이 있었습니다. 그건 젖소가 지닌 우두바이러스가 사람에게 옮겨가는 병이었죠. 하지만 우두는 천연두에 비하면 증상이 매우 약했습니다. 그저 손에 물집이 잠시 잡히다가 사라지는 정도였으니까요. 제너는 우두에 걸려 손에 물집이 잡힌 여인에게서 수포액을 채취한 뒤, 그 액체를 어떤 소년의 몸에 주입했습니다. 주입한 부위는 빨갛게 살짝 부풀어 오르더니 이내 사라졌죠. 이후 별다른 이상 증상도 발견되지 않았습니다. 몇 달 뒤, 제너는 이 소년에게 천연두바이러스를 주입했지만, 병에 걸리지 않았다고 합니다. 드디어 세계 최초의 예방 백신이 개발된 것입니다. 그리고 이 백신은 당연히 전 세계적으로 큰 성공을 거두었습니다. 이후 천연두 백신은 이후 계속 계량이 이루어져서 1980년 5월 8일 세계보건기구는 천연두의 종식을 선언하게 됩니다.

하지만 이러한 해피엔딩이 모든 바이러스에서 가능한 이야기는 아닙니다. 역사의 곳곳에서 치명적인 존재감을 드러낸 천연두이지만, 백신의 등장과 함께 완벽하게 종식될 수 있었던 것은 오직 인간만을 숙주로 삼는 바이러스였기 때문입니다. 백신의 급속한 보급 때문에 인간의 몸에서는 더 이상 살아갈 수 없는데, 다른 숙주로 옮겨가지 못한 거죠. 그래서 백신이 개발됨으로써 종식이 가능했던 것입니다.

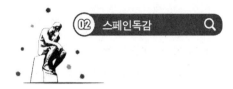

1차 세계대전을
조기 종식시키다

20세기 최초의 팬데믹을 일으킨 바이러스는 무엇일까요? 바로 스페인독감입니다. 1919년에 소멸되기까지 세계 인구의 약 27%가 이 독감 바이러스에 감염되었고, 사망자는 무려 5,000만 명에서 1억 명으로 추산됩니다. 아, 사망자의 오차범위가 너무 넓다고요? 그건 독감이 유행했던 때가 1차 세계대전과 맞물리는 바람에 전쟁으로 죽은 사람과 감염병으로 죽은 사람을 구분하는 정확한 통계가 이루어지지 못한 이유도 있을 것입니다.

미국에서 최초 발견되었는데, 왜 스페인독감이 되었나?

스페인독감은 인플루엔자A(H1N1) 바이러스가 유발한 감염병이었습니다. 이 감염병이 최초에 어떻게 시작되었는지는 아직도 정확히 모릅니다. 다만 독감이 최초로 발병이 보고된 곳은 1918년 3월 미국의 캔자스주 해스컬 지방이라고 보고되고 있습니다. 그 당시 해스컬 지방에 살던 의사 로링 마이너는 독감으로 인해 젊은 사람들 수십 명이 죽자, 이 사례를 의학잡지에 발표했습니다. 그러나 당시 아무도 이 사례에 주목하지 않았죠. 만약 이 시점에 국가적으로 대응을 했다면 전 세계에서 스페인독감으로 인한 사상자는 그렇게 많이 나오지 않았을지도 모릅니다.

그런데 궁금하지 않나요? 미국에서 발병했던 인플루엔자가 왜 스페인독감으로 불리게 되었을까요? 여기에는 역사적인 배경이 숨어 있습니다. 당시 1차 세계대전(1914~1918) 중이었기 때문에 참전국들은 전염병으로 인해 군인들이 죽어가고 있다는 언론보도를 의도적으로 통제하기 시작했습니다. 만약 그 사실이 널리 알려진다면 당연히 국민의 사기가 크게 떨어질 것이 불을 보듯 뻔하니까요. 그건 미국의 사정도 마찬가지였습니다. 그래서 미국에서 인플루엔자로 인해 젊은 사람들이 죽어가고 있다는 것은 외부로 잘 알려지지 않았던 거죠. 하지만 스페인은 1차 세계대전 참전국이 아니었습니다. 그래서 전쟁을 승리로 이끌기 위한 사기 진작이 필요없던 스페인만 독감 관련 보도를 하게 되었던 거죠. 하지만 결과적으로 이 때문에 스페인독감이라는 오명을 쓰게 되었고, 이러한 오명은 지금까지 이어지고 있습니다. 한번 굳어진 이미지는 여간해서 바꾸기 힘든 법이니까요.

바다 건너 미국에서 시작된 독감이 세계로 뻗어나간 이유는?

여기서 궁금증이 생깁니다. 지리적으로 좌우에 바다를 끼고 있는 광활한 미국 그것도 어느 한 지역에서 시작된 감염병이 어떻게 전 세계적으로 퍼져나갈 수 있었을까요? 그것 또한 세계대전과 무관하지 않습니다. 다 알다시피 미국은 처음부터 세계대전에 참전한 것은 아니지만, 1917년 '세계의 민주주의 수호'라는 구호를 내걸고 뒤늦게 참전하여 연합군의 선봉장 역할을 했으니까요. 전쟁이 인간에게는 참혹한 비극이었지만, 바이러스에게는 더할 나위 없는 축복이었을 것입니다. 만약 미국이 세계대전에 참전하지 않았다면, 어쩌면 이 인플루엔자는 작은 마을에서 시작했다가 더 이상 확산되지 못하고 끝났을지도 모르죠.

※자료: 위키피디아
1차 세계대전 당시의 병영모습[1]
좁은 공간에서 많은 사람들이 서로 다닥다닥 붙은 채 생활하는 환경은 바이러스가 쉽사리 이곳저곳 옮겨갈 수 있는 최적의 조건이 되었다.

하지만 미국은 참전했고, 1918년 당시에는 캔자스주 지방의 수많은 젊은이가 전쟁에 참전하기 위해 이동을 했습니다. 그리고 캔자스에는 대규모의 군 병영이 설치되었는데, 바로 이곳에서 바이러스의 전파도 본격화되었죠. 당시 군 병영은 바이러스 전파에 대비한 어떠한 위생

1. https://ko.wikipedia.org/wiki/%EC%8A%A4%ED%8E%98%EC%9D%B8_%EB%8F%85
%EA%B0%90

시설도 마련되지 않았을 뿐만 아니라, 인원에 비해 공간이 비좁아서 병사들끼리는 다닥다닥 붙어서 지낼 수밖에 없었습니다. 쉽게 말해 바이러스의 입장에서는 눈 감고 뛰어도 안전하게 다른 사람의 몸속으로 착지할 수 있었던 것입니다.

이렇게 바이러스는 조용하지만, 가히 폭발적으로 미국 병사들 사이에 퍼지기 시작했습니다. 그리고 바이러스를 보유한 군인들, 즉 숙주들의 대대적인 이동이 시작됩니다. 1918년 미국은 유럽 전선에 연합군을 투입했기 때문이죠. 그와 함께 바이러스도 국경을 넘어 프랑스와 영국으로 진격합니다.

1918년 7월에 런던으로 퍼진 단 첫 주에만 287명이 죽었다고 합니다. 하지만 여전히 참전 국가들 사이에서는 감염병의 심각성에 대해 국민에게 알리지 않았습니다. 사기가 떨어질까 우려한 거죠. 하지만 그해 가을이 되자 사태가 더욱 심각해지기 시작했습니다. 이 보이지 않는 살인마는 더 많은 군인들 사이를 마음껏 누비고 다녔습니다. 스페인독감 때문에 미군의 사망이 늘어나자, 미국은 더 많은 미군을 계속 파병하기 시작합니다. 물론 바이러스도 함께 보낸 셈이죠. 어쩌면 이 결정은 자국민들의 생명보다 1차 세계대전에서의 승리가 더 중요하다는 판단이 깔렸기 때문일지 모릅니다. 미국의 칼럼니스트 제니퍼 라이트(Jennifer Wright)는 《세계사를 바꾼 전염병 13가지》라는 책에서 당시 미국 대통령이었던 윌슨의 결정에 대해 "역겹다"라고 적기도 했죠. 결과적으로 윌슨의 파병 결정으로 인해 미군들과 함께 바이러스도 수송선을 타고 유럽으로 건너갔고, 이동 과정에서 감염률은 더욱 높아졌으니까요. 이렇게 유럽으로 진출한 스페인독감은 한국까지 상륙했습니다. 당시 우리나라도 스페인독감으로 약 14만여 명이 사망했죠. 당시 국내에서는 이 감염병에 대해 전혀 알지 못했기 때문에, '무오년 역병'이라고 불렀습니다. 무오년(1918)에 퍼진 집단 전염병이라는 뜻이지요.

이렇게 퍼질 대로 퍼져버린 바이러스는 더 이상 인간의 힘으로 통제할 수 없는 상태에 이르고 맙니다. 단적으로 1918년 스페인독감 팬데믹에 의한 사망자 수는 1·2차 세계대전의 사망자 수를 합친 것보다 더 많았다고 하니까요. 그야말로 전쟁 이상으로 파괴적인 바이러스의 공습이라 할 수 있겠죠.

사라진 바이러스와 투명한 정보 공개의 중요성

전쟁 이상으로 20세기 초 세상을 떠들썩하게 만들었던 스페인독감은 어떻게 없어진 걸까요? 이에 대해 정확한 과학적 답변은 없습니다. 대유행하면서 워낙 수많은 숙주를 감염시켰기 때문에 자연적인 집단면역이 생긴 것으로 추측할 뿐입니다. 인구 대다수가 감염을 피하지 못했다는 뜻이죠. 다시 말해 이 당시 국가들은 감염병 확산에 대해 효과적인 대처를 하지 못했다는 것입니다.

스페인독감이 전례 없는 피해를 낸 것은 누가 뭐래도 전쟁 때문이었습니다. 오늘날처럼 교통이 크게 발전했던 시기가 아님에도 불구하고 전 세계적으로 퍼져나간 이유는 세계대전에 참전하기 위한 군인들의 대대적인 이동 때문이었죠. 특히 이 전쟁이 바이러스 확산에 더욱 치명적이었던 것은 참호전으로 이어졌기 때문이라고 합니다. 참호는 적의 공격을 막기 위해 땅에 구멍을 파고 들어가 오랜 시간 버티는 것입니다. 그런데 이 참호전을 위해서는 좁은 공간에서 많은 군인이 오랜 시간 함께 있어야 합니다. 그리고 혹시 그 사이에 전염병으로 군인들이 죽어 나가도 섣불리 참호를 버릴 수도 없습니다. 전염병에 걸려 죽든, 전쟁에서 죽든 어차피 똑같았으니까요. 옆에서 병으로 죽어 나가는 전우를 눈앞에서 지켜보면서도 도망치지도 못한 채 그저 참호 안에 머물 수밖에 없다고 상상해보세요. 이보다 참혹한 광경이 또 있을까요?

스페인독감이 우리에게 준 중요한 시사점 중 특히 주목해야 할 것은 바로 투명한 정보 공개입니다. 코로나19 팬데믹 후, 우리나라도 전 국민에게 감염병 상황을 매일 보고하고 있죠. 당시 스페인독감이 크게 유행하여 국민들의 삶 깊숙이 파고들고 있었지만, 정작 국민은 바이러스가 전파되고 있다는 사실조차 제대로 인지하지 못했습니다. 어떻게 대처해야 하는지, 앞으로 어떻게 될 것인지를 몰랐던 거죠. 알 수 없는 대상에 대해 커진 공포심은 더욱더 많은 혼란을 일으켰습니다. 앞서 언급한 《세계사를 바꾼 전염병 13가지》를 보면 당시 스페인독감을 치료하기 위해 의사들은 술을 더 많이 마시라는 식으로 엉뚱하게 권한다거나, 민간에서는 각종 미신이 난무하기 시작했습니다. 국가가 한 일이라고는 국민을 거짓으로 안심

시키는 일밖에 없었던 것입니다.

심각한 문제 상황에 마주했을 때 해결하기 위한 가장 효과적인 방법은 '집단 지성'입니다. 즉 하나보다는 둘이, 둘보다는 더 많은 사람들의 지성을 모으는 것이 필요합니다. 국가는 많은 사람에게 정보를 알리고, 사람들은 냉정하게 사태를 받아들인 상태에서 판단하고 행동할 수 있어야 합니다. 서로에게 최선인 대안을 함께 고민하는 장(場)이 필요한 것입니다. 우리 인류는 이미 스페인독감을 통해 이 사실을 뼈저리게 경험했습니다. 무고한 사람들의 수많은 목숨이라는 값비싼 수업료를 지불하면서 말입니다.

동성애에 대한
혐오와 편견을 가져오다

　　　　　　　　　　　1980년 가을, 미국에서 생긴 일입
니다. 5명의 젊은 남성들이 이례적인 폐렴 증상으로 병원을 찾았습
니다. 공교롭게도 이들은 모두 동성애 남성들이었죠. 사실 폐렴에
걸리는 것이 썩 기분 좋은 일은 아니지만, 그렇다고 해서 특별한 사
건은 아니었습니다. 누구나 감기가 심해지면 폐렴에 걸릴 가능성이
있으니까요. 굳이 이 사례가 이례적인 이유는 대체로 감기가 폐렴
으로 발전되는 것은 면역력이 취약한 어린아이나 노인들인데, 어찌
된 영문인지 이번에는 환자들이 모두 통상적으로 면역력이 좋은 편
인 젊은 남성들이었기 때문이죠. 젊은 남성들의 경우 감기가 폐렴
으로 이어지는 경우는 드물었으니까요. 그런데 이 5명이 걸린 폐렴
의 원인을 찾아보니 다름 아닌 '쥐폐포자충'이라는 곰팡이로 인한
것이었습니다.

평범한 곰팡이가 그들에게 치명적 병균이 된 이유는?

원인을 파악하자 당시 의사들은 더더욱 혼란에 빠졌습니다. 쥐폐포자충이 듣도 보도 못한 생소한 병원체였기 때문일까요? 아니, 오히려 그 반대였습니다. 이 병원체는 전혀 특별한 것이 아니었죠. 쥐폐포자충은 공기 중 어디에서든 쉽게 떠다니는 곰팡이의 일종이며, 인간에게는 보통 아무런 해를 끼치지 않죠. 몸속에 들어오더라도 자체 면역체계가 완벽하게 방어할 수 있기 때문입니다. 그런데 무슨 이유인지, 이 5명의 남성들은 모두 면역체계가 전혀 작동하지 않았습니다. 마치 방어벽이 완벽하게 허물어져 적에게 무방비 상태로 노출된 성처럼 말이죠.

　바로 이 5명이 세상에 에이즈(AIDS), 즉 후천적 면역결핍증후군의 공식적인 최초 보고 사례입니다. 이후 면역체계가 무너져서 생기는 폐포자충 폐렴, 구강 칸디다증, T세포 고갈과 같은 증상을 가진 환자들이 곳곳에서 보고되기 시작합니다. 그리고 이러한 증상은 특히 미국 동성애자들 사이에서 유행했죠. '환자 제로(0)'로 널리 알려진 캐나다 출신 승무원 게탕 두가(G. Dugas) 역시 동성애자였습니다. 게다가 이 사람은 수많은 동성 접촉으로 아프리카에서 서구 사회로 에이즈 확산을 일으킨 슈퍼전파자였습니다. 이처럼 초기 에이즈 확산이 동성애자들을 중심으로 이루어지다 보니 에이즈의 원인은 동성애라는 식의 루머가 퍼지기도 했죠. 심지어 현재에도 동성애를 반대하는 논리 중 하나로 여전히 에이즈가 거론될 정도니까요.

하지만 당시에는 에이즈의 원인이 바이러스라는 것까지는 규명하지 못했습니다. 그런데 동성애자 이외에도 바늘을 돌려쓰는 마약 중독자, 자주 수혈이 필요한 혈우병 환자, 이성애자들 사이에서도 에이즈 발병 사례들이 속속 발견된 것입니다. 결국 학자들은 에이즈의 원인이 어떤 병원체에 있는 것으로 추측하고, 이에 관해 연구를 시작하게 되었습니다.

야생동물 취식, 에이즈바이러스를 인간의 몸으로 데려오다

오늘날 우리가 알고 있듯이, 에이즈의 원인은 레트로바이러스, 흔히 HIV-1로 불립니다. 다음의 그림처럼(92쪽 참조) 얼핏 밤송이 같기도 한 것이 귀엽게 생겼죠? 하지만 이 바이러스로 인해, 지금까지 약 2,900만 명 이상의 사망자가 발생했습니다. 그렇다면 이 바이러스는 도대체 어디에서 온 것일까요? 에이즈바이러스의 초기 숙주는 인간이 아니라 침팬지였습니다. 침팬지의 몸에 살던 바이러스가 중간 전파를 통해 인간의 몸속으로 들어온 것이죠.

불행 중 다행히도 에이즈바이러스는 공기 중 전파가 불가능합니다. 사람의 생명을 빼앗는 데는 그 어떤 바이러스보다 뛰어나지만, 전파 방식은 그렇게 효율적이지 않은 편이죠. 이 바이러스는 혈액을 통해서만 전파가 가능하니까요. 만약 에이즈바이러스의 공기 중 전파가 가능했다면 어떻게 되었을까요? 상상만으로도 끔찍합니다.

에이즈바이러스
에이즈바이러스로 인해 지금까지 약 2900만명의 사망자가 발생했다. 혈액을 통해 감염되는 이 바이러스는 잠복기가 4년으로 긴 탓에 발견했을 때는 이미 바이러스가 자신의 영역을 확대한 상태이므로 더욱 속수무책이었다.

그런데 혈액으로만 전파가 가능하다면 대체 침팬지의 혈액이 어떻게 인간의 몸속으로 들어왔을까요? 벌써 눈치챘겠지만, 바로 '고기'입니다. 인간이 침팬지나 원숭이의 고기를 해체하거나 먹으면서 자연스럽게 혈액을 통해 전파가 이루어진 거죠. 그런데 바이러스가 종간 전파를 하려면 인간의 몸에 적절한 형태로 변형, 즉 진화가 이루어져야 합니다. 그러기 위해서는 겨우 한두 번 침팬지나 원숭이 고기를 먹는 것으로는 불가능하죠. 짐작했겠지만, 인간은 오랜 시간 수많은 야생 침팬지나 원숭이를 먹어왔다고 봐야겠죠. 우리나라에서는 유인원 고기를 먹는다는 것이 워낙 생소한 일이라 잘 이해가 안 될 수도 있지만, 아프리카 카메룬만 가더라도 시중에 유통되는 고기의 약 80%가 고릴라나 침팬지를 포함한 야생 유인원 고기라고 합니다.[2] 이 지역에서만 매년 3,000마리 이상의 고릴라가 식용 등의 목적으로 살육된다고 하니까요. 기록에 의하면 에이즈는 본래 아프리카 지방에서 가장 먼저 발병했다고 합니다.

....
2. onlinenews, 〈원숭이·침팬지 등 유인원 고기 에이즈 초래〉, 《헤럴드POP》, 2012.5.30.

에이즈바이러스의 초기 숙주로 알려진 침팬지

침팬지의 몸속에 살던 에이즈바이러스가 하루아침에 인간의 몸으로 넘어올 수 있는 것은 아니다. 장기간에 걸친 무분별한 야생동물의 취식은 야생동물 속에 머물던 바이러스가 인간의 몸으로 옮겨오게 하는 주된 통로가 되었다. 지금도 미식가들 사이에서는 암암리에 야생동물 요리가 유행하고 있다고 한다.

심지어 야생 유인원 고기에 대한 소비가 암암리에 꾸준히 증가하면서 밀렵꾼들도 앞다투어 원숭이나 침팬지를 불법적으로 사냥하여 유통하는 경우가 많습니다. 콩고와 같은 아프리카 지역에 여행을 가면 이렇게 불법 사냥꾼들에 의해 포획되어 유통되고 있는 야생 유인원 고기가 미식가들 사이에서 유행이라고 합니다. 또 아프리카의 토착 부족들 경우에는 각종 제식이나 행사 때 침팬지나 고릴라 고기를 많이 사용하기도 합니다. 결국 이 또한 인간이 자초한 결과인 셈이죠. 바이러스가 스스로 인간을 찾아온 것이 아니라 인간이 바이러스를 찾아간 것이니까요.

에이즈바이러스와 동성애에 관한 편견

이 이야기를 시작할 때, 최초 바이러스 감염자로 보고된 젊은 청년들은 모두 동성애자로 알려졌다고 했죠. 실제로 에이즈바이러스가 동성애자들에게 많이 전파된 탓에 초기에는 사실과 다르게 마치 동성애가 병의 원인인 것처럼 지목되기도 했습니다. 그럼 이 바이러스가 어떻게 동성애자들 사이에서 특히 더 유행하게 된 걸까요? 사실 지금도 에이즈 감염자의 상당 비율이 남성 동성애자들에게 집중되어 있습니다. 하지만 동성애보다 더 근본적인 원인을 살펴봐야 합니다. 앞서 말했듯이 에이즈의 원인인 HIV-1 바이러스는 혈액을 통해서만 전파됩니다. 실제로 전파력은 그렇게 크지 않다는 것입니다. 약물중독자들이 주사기를 돌려쓰던가, 혈우병 등으로 지속적인 수혈을 받아야 하는 환자들에게 우연히 오염된 혈액이 주사되면 전염되기도 합니다.

하지만 실제로 주사기를 돌려쓰는 경우는 매우 드문 경우입니다. 또한 수혈할 때는 사전에 철저히 검사가 이루어지기 때문에 현실적으로 감염 가능성은 매우 희박합니다. 하지만 동성애자들 사이의 성교 과정에서는 전파 가능성이 꽤 높습니다. 왜냐하면, 항문 성교 시에는 쉽게 상처가 나기 때문에 혈액에 쉽게 접촉하게 되니까요. 굳이 성적 접촉이 아니더라도 상처 부위에 직접 접촉이 이루어지면 쉽게 감염될 수 있습니다. 다시 말해 동성애 행위 중 일부가 에이즈 전파의 원인인 것은 맞지만, 동성애 자체가 원인은 아니라는 것입니다. 동성애에 대한 이러한 오해는 현상만을 들여다볼 뿐, 이에 대한 과학적·반성적 사고가 결여된 결과라고 할 수 있습니다.

에이즈에 대한 보고는 1980년에 이르러서야 공식적으로 이루어졌지만, 이후의 연구에 의하면 실제로는 1920년대에 이미 에이즈는 아프리카 및 서구 사회에서 전파가 이루어졌다고 합니다. 1977년 한 덴마크 의사가 죽었는데, 이후 살펴보니 에이즈 감염이 확인되었던 경우도 있었습니다. 알게 모르게 이미 에이즈바이러스는 인간 사회 깊숙이 들어와 있었던 거죠. 그래서 아직도 최초로 에이즈바이러스가 어떤 경로로 전파되었는지는 정확하게 알려지지 않았습니다.

또한 이 바이러스는 잠복기가 무려 4~12년 이상으로 긴 편입니다. 다시 말해 바이러스에 감염이 이루어지더라도 최소한 4년은 당사자도 전혀 알아채지 못하는 것입니다. 그래서 이 바이러스는 더 쉽고 빠르게 자신의 영역을 넓혀나갈 수 있었습니다. 참을성 있게 기다린 거죠. 에볼라바이러스와 같이 치명적이었지만, 훨씬 더 인내를 가지고 자신의 영역을 구축할 때까지 기다리고 또 기다렸던 것입니다. 그리고 우연히 남성 동성애자들의 영역으로 흘러 들어가 세상에 정체가 발각된 거죠. 만약 최초의 바이러스 전파가 다른 경로로 세상에 드러났다면, 에이즈에 대한 우리의 인식도 달라졌을지 모릅니다.

너무나 치명적이라서
진화에 실패하다

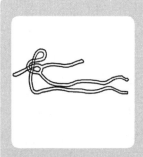

에볼라바이러스
치명률이 90%에 달하는 에볼라
바이러스는 감염자들이 주로 피
를 토하며 고통스럽게 죽어가는
모습으로 자주 묘사되는데, 실
제로는 출혈이 없는 경우도 많
다. 하지만 이러한 치명률이 아
이러니하게도 바이러스의 진화
에는 독이 되고 있다.

에볼라바이러스는 생김새가 마치
길고 가느다란 실이 꼬여 있는 것
같은 모습입니다. 바이러스에 대해
잘 모르는 사람도 에볼라바이러스
에 관한 이야기는 한 번쯤 들어본
적이 있을 것입니다. 감염되면 치사
율이 무려 90%에 달하는 에볼라바
이러스는 인류를 멸종시킬 수 있는
유력한 바이러스 중 하나로 손꼽히
고 있죠. 온몸의 각종 혈관이 녹아
내리면서 고통스럽게 피를 쏟는 장
면을 상상하는 것만으로도 어쩐지

등골이 오싹해집니다. 그래서인지 영화나 소설의 단골 소재로 많이 등장했습니다. 좀 옛날 작품이기는 하지만 영화 〈아웃 브레이크〉가 있고, 우리나라에서는 1994년과 1995년에 각각 〈M〉과 〈거미〉라는 드라마에서 에볼라바이러스를 다룬 적이 있죠.

순식간에 치고 빠지는 미스터리한 존재

높은 치명률을 가진 것은 사실이지만, 영화나 드라마 속에서 주로 피를 토하는 방식으로 등장하는 에볼라바이러스 감염에 대한 묘사는 대중들에게 다소 그릇된 인식을 심어준 측면도 적지 않습니다. 사실 에볼라바이러스로 인한 에볼라 출혈열 환자의 반 이상은 전혀 출혈이 없다고 합니다. 대부분 호흡 장애나 장기 기능이 떨어져서 사망하는 경우가 많죠. 주 증상으로는 각혈이 아니라 복통, 발열, 인후통, 구토, 설사, 근육통 등이 꼽힙니다.

　게다가 에볼라바이러스로 인한 인류 멸망 시나리오 역시 현실성이 낮은 편입니다. 물론 에볼라 출혈열은 매우 치명적이기는 하지만, 1976년 에볼라바이러스가 처음 공식적으로 알려진 후, 지금까지 사망자는 약 10,000명이 조금 넘는 수준입니다. 그리고 대부분이 서아프리카 지역에 국한되어 있죠. 독감으로 인해 한해에 국내에서만 평균적으로 2,900여명이 사망하는 것과 비교하면 에볼라바이러스로 인한 실질적인 피해는 그리 크지 않았다는 것입니다. 즉 감염 확산 측면에서 제한적인 편입니다. 왜 그럴까요?

　일단 에볼라바이러스가 처음 등장한 1976년으로 거슬러 올라가 봅시다. 그해 아프리카에서는 두 건의 에볼라바이러스가 동시에 발생합니다. 한 건은 '자이르'[3] 지방이고, 다른 한 건은 수단 남서부였죠. 에볼라라는 이름은 자이르 지역에 흐르던 에볼라 강의 이름을 딴 것입니다. 어느 날 자이르 지방의 얌부쿠라는 마을에 있는 가톨릭 선교 병원에 약 20명의 신종 질병 환자들이 들어왔습니다. 이들은 심한 발열과 동시에 피를 토하고, 피 섞인 설사를 하는 등의 출혈 증상을 보였습니다. 그리고 불과 며칠 뒤, 환자는 물론, 의료진까지 사망하고 병원은 폐쇄됩니다. 에볼라에 대한 공포가 시작된 거죠.

　이후 국제질병대응팀은 이 신종 바이러스의 정체를 밝히기 위해 조사에 들어갔습니다. 먼저 "이 바이러스는 도대체 어디에서 왔을까?"라는 의문을 밝혀야 했죠. 그래야 대처할 방법도 찾을 수 있기 때문입니다. 하지만 워낙 감염 후 치사율이 높은 탓에 바이러스에 관해 탐색하기가 쉽지 않습니다. 여러분도 알다시피 바이러스는 혼자서는 생존할 수 없습니다. 바이러스가 최초로 머물고, 살아갔던 장소, 즉 자연숙주를 찾아내는 것이 급선무였죠. 하지만 첫 발병이 관찰된 후 수십년이 흘렀고, 과학기술의 눈부신 발전을 이룬 현재까지도 에볼라바이러스의 자연숙주는 밝혀지지 않고 있습니다. 게다가 명확한 치료약이나 백신도 아직은 없습니다. 이는 에볼라바이

---

3. 현재의 콩고민주공화국(Democratic Republic of the Congo)

러스가 워낙 순식간에 치고 빠지기의 달인이기 때문입니다. 그래서인지 첫 발견부터 수십 년간 에볼라바이러스는 단 한 번도 대유행, 즉 팬데믹으로 번진 적이 없습니다. 지극히 한정된 지역에서 잠시 유행하다가 사라지기를 반복했죠. 그리고 한번 유행이 지나가면 희한하게 몇 년은 환자가 발생하지 않았습니다. 그러다 보니 연구자들은 도대체 에볼라바이러스가 어디로 숨어드는지 알아낼 수 없었죠. 마치 유령이라도 지나간 듯 흔적조차 남기지 않았기 때문입니다.

치명적이지만 슬픈 운명을 가진 바이러스

에볼라바이러스가 빠르게 나타났다 또 사라지는 이유는 아이러니하게도 이 바이러스가 지닌 치명성 때문입니다. 에볼라바이러스에 감염되면 불과 1~2주 안에 환자의 50~90%가 사망에 이릅니다. 그리고 나머지는 회복기에 접어들게 되죠. 그러다 보니 에볼라바이러스 발병지역에 연구진을 채 파견하기도 전에 유행이 끝나버립니다. 에볼라바이러스 스스로 환자의 몸 안에서 소진되어버리는 것입니다. 숙주가 죽어버리면 바이러스가 다른 숙주로 옮겨갈 수 있는 여력이 없어지니까요. 특히 에볼라바이러스가 주로 발병했던 서아프리카 지역은 숲으로 둘러싸여 있고, 자연히 이동이 여의치 않기 때문에 쉽게 전파되기도 힘든 여건이었습니다.

어찌 되었든, 에볼라바이러스의 입장에서 본다면, 진화에 실패했다고 볼 수 있습니다. 목숨을 걸고, 인간으로 종간 전파를 시도했는데, 계속 살아남을 기회를 잡지 못했기 때문이죠. 그러니 바이러스의 입장에서 보면 참 슬픈 일입니다.

높은 치명률을 달리 해석하면 인간은 결국 에볼라의 주 서식지가아니라는 것을 의미합니다. 앞서 설명한 대로 바이러스가 새로운숙주에 적응하지 못할 때 이런저런 문제들을 일으키는 경우가 많으니까요. 따라서 에볼라바이러스도 우리 인체에 제대로 적응을 하지못했기 때문에 더 치명적인 것입니다. 숙주가 바이러스의 침입을견디지 못하고 죽어버리니 바이러스도 갈 곳을 잃고 맙니다.

그럼 대체 에볼라의 주 서식지는 어딜까요? 1996년 콩고공화국접경 지역에서 18명의 사람이 침팬지를 도살하여 먹은 후 심각한고열과 설사에 시달리는 일이 발생했습니다. 확인 결과 에볼라 출혈열이었죠. 최종적으로 31명이 병에 걸렸고, 그중 절반이 훌쩍 넘는 21명이 사망했습니다. 감염경로는 침팬지였죠. 하지만 침팬지를 에볼라의 자연숙주로 보기엔 뭔가 석연치 않은 점이 있습니다.왜냐하면 문제의 침팬지 역시 에볼라바이러스로 인해 사망했기 때문이죠. 게다가 침팬지뿐만 아닙니다. 고릴라 역시 에볼라바이러스에 매우 취약하다고 합니다. 실제 서아프리카 지역에서는 많은고릴라가 에볼라바이러스로 자취를 감추었다고 합니다. 바이러스에 취약하다면 침팬지나 고릴라는 에볼라바이러스의 자연숙주라고 할 수 없죠. 다만 중간숙주로 인간에게 직접 바이러스를 운반했을 가능성이 크다고 할 수 있습니다. 자연숙주라면 에볼라바이러스와 오랜 기간 공존이 가능해야 합니다. 다시 말해 서로에게 큰 피해를 주지 않고 살아갈 수 있어야 하죠. 앞서 얘기한 적이 있는 과일박쥐처럼 말이죠. 그러기 위해서는 생존 상태에서 살아 있는 에볼라바이러스가 나와야 하는데, 안타깝게도 고릴라와 침팬지에서는 발견할 수 없었습니다.

에볼라의 자연숙주는 바로오~!

그런데 최근 주목해볼 만한 연구 결과가 등장했습니다. 바로 과일박쥐에게서 에볼라 감염 흔적이 발견된 거죠. 즉 에볼라에 감염되었다가 회복된 사례가 관찰된 것입니다. 이것이 무엇을 의미할까

에볼라바이러스의 생태학
최근 과일박쥐가 에볼라의 자연숙주 가능성이 제기되고 있다. 박쥐를 거쳐 중간숙주인 다른 야생동물에게로 감염되고, 이것이 다시 인근 지역 사람들에게 감염된 것으로 추측되고 있다.

요? 과일박쥐에게는 에볼라바이러스가 치명적으로 작용하지 않았다는 것을 보여주는 동시에 자연숙주로서의 가능성을 보인 것입니다. 앞에서 말했듯이, 박쥐는 이미 다양한 바이러스와의 공존이 가능하여, 200종이 넘는 바이러스의 자연숙주로 밝혀진 바 있습니다. 하지만 아직도 과일박쥐에게서 살아 있는 에볼라바이러스가 나온 사례는 없습니다. 그래서 에볼라바이러스의 유력한 자연숙주로 거론되는 단계일 뿐, 아직 확실히 밝혀진 바는 없습니다.

전 세계 오지를 탐험하며 원주민과 동물을 연구해온 저명한 생태 저술가 데이비드 콰먼(David Quammen)은 그의 책 《인수공통 모든 전염병의 열쇠》에서 이렇게 적습니다.

> 오늘날 에볼라바이러스에 대해 과학이 이해하는 바는 온통 깜깜한 밤에 아주 작은 불빛이 희미하게 반짝이는 정도에 불과하다.

하지만 분명한 것은 에볼라바이러스에 대한 지나친 공포심을 갖기보다는 정확한 이해가 필요하다는 것입니다. 에볼라바이러스가 많이 발병했던 서아프리카의 일부 지역에서는 아직도 이를 나쁜 마법이나 저주처럼 생각하고 있는 경우도 많다고 합니다. 이러한 초자연적 접근 방식으로 인해 정확한 대처나 예방이 안 되는 경우가 많습니다. 이미 인간의 몸을 습격한 이상 에볼라바이러스는 앞으로도 꾸준히 인간을 숙주로 삼기 위한 시도를 멈추지 않을 것입니다. 유전자를 남기기 위해 새로운 숙주를 공략하는 것이야말로 그들이 살아남기 위한 최선의 전략이니까요. 마치 결사항전의 투사처럼 인간에게 다가오는, 눈에 보이지도 않는 이 치명적인 침입자들의 도전에 대해 우리는 어떤 방어 전략을 구사해야 할까요? 바이러스의 감염 확산과 관련된 상당 부분이 인간의 이기적인 탐욕에서 비롯된 것이 밝혀진 지금, 에볼라바이러스에 대해서도 복잡한 생각을 지우기 어렵습니다.

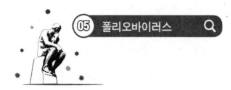

인류애를 통해
극복하다

2010년 미국 시에나대학교에서 발
표한 미국의 가장 위대한 대통령 1위는 프랭클린 루스벨트(Franklin
Delano Roosevelt, 1882~1945)였습니다. 루스벨트는 미국 역사상 유
일하게 4번이나 대통령에 당선되었고, 2차 세계대전과 대공황이라
는 시련 속에서 뛰어난 지도력을 발휘했다고 평가됩니다.

미국 대통령도 피해가지 못한 소아마비

워낙 옛날 일이라 여러분은 아직 루스벨트 대통령의 모습을 본 적
이 없을지도 모르겠군요. 옆의 사진(105쪽 참조)을 한번 봐주세요.
미국의 워싱턴DC 포토맥 강가에는 홍수 방지용 연못이 있고, 이 주

휠체어를 탄 루스벨트 대통령
2차 세계대전과 대공황 등 힘든 시기에 4번이나 미국 대통령에 당선된 루스벨트 대통령은 소아마비를 앓았다.

변에 제퍼슨 대통령과 킹 목사, 그리고 루스벨트 대통령의 메모리얼이 자리잡고 있습니다. 이 동상은 루스벨트 메모리얼에 있는 동상 중 하나죠. 사진에서 보다시피 휠체어에 앉아 있는 모습입니다.

루스벨트 대통령이 휠체어를 타고 다녔던 이유는 바로 소아마비 때문이었습니다. 소아마비는 1940년대 미국에서 가장 두려운 질병 중 하나였다고 합니다. 주로 5세 미만의 어린이들이 걸리지만, 성인도 걸리는 경우가 많았죠. 소아마비의 무서운 점은 200분의 1 확률로 신경계 손상이 영구적으로 지속될 수 있다는 것입니다. 쉽게 말해, 평생 근육 약화로 인한 장애를 안은 채 살아갈 수 있는 것입니다.

　루스벨트 대통령은 39세 때 소아마비에 걸려 마비 증상이 나타났습니다. 한창 사회적으로 왕성하게 활동하던 나이였던 만큼, 얼마나 좌절했을지 짐작조차 하기 어렵습니다. 전도유망한 젊은 정치가의 생명은 그걸로 끝나는 것 같았습니다. 실제로 당시 루스벨트에 대한 평가는 정신적으로는 대통령에 적합한 인물이지만, 신체적으로 적절하지 못하다는 평가가 지배적이었죠. 대공황 시대[4]의 사람들은 신체적 결함을 인격에 대한 결함으로 연결 짓는 분위기가 강했기 때문입니다. 이러한 사회 분위기로 인해 당시 소아마비 환자의 사망원인 5위는 자살이었다고 합니다. 병을 감당할 수 없었던 거죠. 이는 환자들에 대한 사회적 안전망이 없었기 때문입니다.

　루스벨트 대통령의 존재는 이러한 소아마비 환자들에게 큰 희망으로 다가왔습니다. 얼마든지 훌륭한 사람이 될 수 있다는 살아 있는 증거인 셈이었으니까요. 그래서 많은 소아마비 환자들이 루스벨트 대통령에게 편지를 보냈고, 이에 루스벨트는 일일이 답장을 해주었다고 합니다. 루스벨트 그 자신도 소아마비를 통해 가장 힘들고 가난한 자들에 대한 이해와 연민을 가지게 됩니다. 그래서 소아마비 환자들을 위한 재단과 각종 시설에 많은 투자를 하게 되죠. 이러한 투자로 인해 소아마비에 대한 백신 개발이 진행됩니다. 그리고 오늘날 소아마비는 사실상 종식되었다고 말합니다.

....
4. 1929년부터 1934년까지 공급과잉과 수요부족으로 인한 미국의 장기 경기침체기를 가리킨다.

소아마비를 일으키는 바이러스와 아낌없이 준 백신 개발자

소아마비의 원인 또한 바이러스입니다. 바로 폴리오바이러스(polio virus)라는 것인데, 이 바이러스는 대변에서 발견되며, 입을 통해 전파되죠. 여기서 여러분은 이렇게 생각하며 놀랄지도 모르겠군요.

'아니, 뭐야… 그럼 똥을 먹어서 걸리는 병이야?'

물론 아닙니다. 만약 그랬다면 소아마비가 그렇게 널리 확산될 리 없었겠죠. 흔히 폴리오바이러스는 콜레라와 같이 물을 통해 전파되었습니다. 예컨대 화장실에서 볼일을 보고 손을 씻지 않거나, 오염된 수영장에서 놀면서 물을 마시거나, 때로는 오물이 제대로 정화되지 않은 상태로 식수로 흘러 들어가 전파되는 경우도 많았습니다. 그래서 특히 여름철은 소아마비가 많이 발생하는 계절이기도 했죠.

앞서도 언급하기는 했지만, 소아마비는 백신이 개발된 후 오늘날에는 사실상 종식되었다고 할 수 있습니다. 아마 여러분은 주변에서 소아마비로 고통받는 사람들을 본 적이 거의 없을 것입니다. 또한 여름철에 물놀이를 갈 때 혹시 소아마비에 걸

폴리오바이러스
소아마비를 일으키는 폴리오바이러스는 오염된 물을 통해 전파되었다. 백신이 개발된 후 사실상 종식된 상태다.

릴까 봐 걱정하는 사람도 찾아보기 어려울 것입니다. 우리에게는 백신이 있으니까요. 이 백신을 최초로 개발한 사람은 미국의 조너스 소크(Jonas Edward Salk, 1914~1995)라는 사람입니다. 여러분들은 잘 들어본 적이 없는 인물일지도 모르지만, 소아마비의 역사에서 빼놓을 수 없는 인물이죠.

1953년 소크는 소아마비 백신의 개발 성공을 발표합니다. 이후 백신은 수많은 미국인을 병에서 구원하게 됩니다. 그런데 문제는 소크의 실험실 규모로는 소량의 백신밖에 생산하지 못한다는 것이었습니다. 그런데 어떻게 불과 1년만인 1954년에 이루어진 전국적인 백신 시험에서 약 60만여 명에게 백신 접종이 가능했을까요? 그건 소크가 백신의 제조법을 무상으로 여러 제약 회사에 나누어주었기 때문입니다. 심지어 소크는 자신이 개발한 백신에 대해 특허 신청도 하지 않았다고 합니다. 즉 누구나 원한다면 백신을 생산할 수 있었던 것이죠. 쉽게 말해 백신 개발로 인한 엄청난 수익을 과감히 포기한 겁니다. 소크는 이 백신의 특허 소유자는 바로 '민중'이라고 했습니다. 가히 천문학적인 수준의 부(富)를 사회로 환원한 것입니다.

소크의 이런 결정 덕분에 소아마비 백신은 빠르게 생산될 수 있었습니다. 그리고 이는 중요한 의사결정에서 자본이 우선시되는 세상을 살아가는 우리에게 많은 시사점을 줍니다. 인류가 바이러스에 대처하기 위해 꼭 필요한 것은 무엇보다 연대와 인류애입니다. 이러한 모습은 한국이 이번 코로나19 사태에 대처하는 모습에서도 볼 수 있었습니다. 예컨대 코로나19 진단키트 개발이 그토록 빨리 가능

#소아마비_#완전정복_#백신의_#경제적_가치_대신_#인류애를_택한_#소크

했던 이유는 정부가 코로나19에 대한 연구 자료를 많은 진단키트 업체들과 무상으로 공유했기 때문입니다. 마찬가지입니다. 앞으로 우리 인류의 지속가능한 삶을 위해서는 각자의 소유도 물론 중요하지만, 한층 더 중요한 인류애의 가치를 함께 추구해 나갈 필요가 있습니다.

기후위기,
바이러스의 파괴력을 키우다

             2015년 브라질에서 아주 이상한 일이 일어났습니다. 몇몇 여성들이 출산한 아이들에게서 매우 특이한 점이 관찰된 거죠. 태어난 아이들은 모두 특이한 선천성증후군을 가지고 있었는데, 하나같이 이마가 매우 좁고, 머리둘레 또한 정상보다 현격히 작았습니다. 보통 신생아들의 머리둘레가 약 53cm 정도인데 반해, 이 아기들은 불과 26~32cm 정도에 불과했죠. 일명 소두증이라고 불리는 증상이었습니다. 이 소두증에 걸린 아기들은 뇌용량이 정상보다 심하게 작기 때문에 제대로 성장하기가 어렵습니다.

    문제는 이것이 한두 사례로 그치지 않은 점입니다. 이와 동일한 증상이 브라질 내에서 지속적으로 발견되기 시작했으니까요. 2015년에만 총 2,782건이나 보고되었습니다. 이후 연구자들은 이 소두증의 원인이 지카바이러스(Zika virus)라는 것을 밝혀냈습니다.

하인리히의 법칙과 지카바이러스

지카바이러스는 플라비바이러스(Flavivirus)에 속하는 종류로 신종 바이러스는 아니었죠. 그렇다면 왜 초기에 발견하지 못한 걸까요? 그건 그 이전까지는 이러한 심각한 발병 사례가 보고된 적이 없었기 때문입니다. 즉 과거에도 지카바이러스로 인한 발병 사례가 있긴 했지만, 이처럼 심각한 증상을 보이지는 않았던 거죠.

처음 이 바이러스가 발견된 건 1947년입니다. 아프리카 우간다 지카 숲에 사는 붉은털원숭이에게서 처음 발견되었습니다. 지카바이러스라고 불리게 된 것도 이 때문입니다. 이후 간간이 감염 사례가 보고되기는 했지만, 크게 유행하지는 않았습니다. 또 감염되더라도 가벼운 미열, 가려움증, 발진, 두통, 관절염 등의 비교적 경미한 증상을 보이다가 자연스럽게 회복된 경우가 대부분이었죠.

가장 대규모의 감염 사례는 2013년 남태평양의 폴리네시아 섬에서 발생했습니다. 이때 전체 인구의 18%에 해당하는 2만 900여 명이 감염되었죠. 그리고 그중 70명 정도가 신경계 마비 증상을 보였습니다. 하지만 이에 대해서도 바이러스 학자들은 그리 주의 깊게 살피지 않았습니다. 그보다는 서아프리카에서 발생한 에볼라바이러스에 훨씬 더 주목하는 모습이었죠.

여러분 혹시 '하인리히 법칙'이라고 아시나요? 큰 사건이 일어나기 전에는 그와 관련된 경미한 사건 사고들이 자주 발생한다는 뜻입니다. 지카바이러스도 마찬가지였습니다. 2015년 브라질에서의 심각

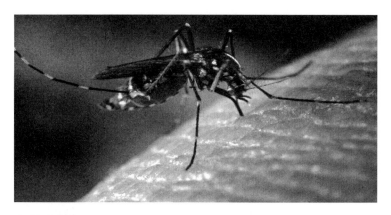

모기와 바이러스
모기는 다양한 감염질환의 일으키는 바이러스의 매개숙주로 알려졌다. 다시 말해 바이러스의
운반자 역할을 하는 셈이다. 특히 기후변화로 인해 열대지역에 서식하던 모기들의 서식지가
확장되면서 자연스럽게 모기 매개 감염질환의 확산도 함께 이루어지고 있다.

한 유행 이전에 이미 다양한 사건들이 산발적으로 나타났으니까요.
다만 아무도 그 경고를 신중하게 받아들이지 않았던 거죠.

모기, 지카바이러스의 전달자가 되다

그럼 지카바이러스는 어떻게 해서 퍼졌을까요? 지카바이러스는 직접적인 접촉으로 감염이 이루어지지 않습니다. 즉 대화나 기침, 식사 중 튀어나올 수 있는 비말과 함께 전달된다거나 아니면 호흡할 때 공기 중에 섞인 바이러스가 흡입되는 방식으로는 감염이 일어나지 않죠. 지카바이러스는 중간 매개를 통해 감염되는데, 중요한 매개는 바로 모기입니다. 특히 숲모기가 지카바이러스를 옮기는 주요 전달자이죠.

바이러스 유행 당시 브라질의 도시들의 위생 상태는 썩 좋은 편이 아니었습니다. 상하수도 정비가 제대로 되어 있지 않아 오염된 물이 곳곳에 고여 있었죠. 이는 모기가 서식하기에 참으로 좋은 환경이었습니다. 게다가 2015년에는 엘니뇨 현상으로 브라질의 강수량이 예년보다 많았고, 기온까지 높았습니다. 모기가 좋아하는 고온다습한 환경으로 인해 바이러스도 더욱 활발하게 확산될 수 있었던 것입니다. 원래 적도지역에만 한정된 지카바이러스가 브라질까지 넘어온 것은 기후변화의 영향이 크다고 볼 수 있습니다.

특히 이 이집트숲모기는 지카바이러스뿐만 아니라 뎅기열과 같은 다양한 감염병을 옮길 수 있습니다. 최근 들어 우리나라에도 숲모기가 자주 관찰되고 있습니다. 물론 아직 우리나라에서는 숲모기를 통한 바이러스 전파 사례는 발견되고 있지는 않지만, '아직'일 뿐 마냥 안심할 수는 없습니다. 기후 전문가들에 의하면, 한국이 점점 온대기후에서 아열대기후로 빠르게 변화하고 있다고 합니다. 이 속도로 진행된다면, 2100년에 이르면, 아예 겨울이 사라질 수도 있다고 하네요. 이제 우리나라도 말라리아, 뎅기열, 지카바이러스 등으로부터 더 이상 안전지대가 아니라는 경고등이 켜진 것입니다. 우리가 기후변화에 좀 더 경각심을 가지고, 친환경 에너지 개발과 같은 문제에도 한층 더 관심을 기울여야 하는 이유입니다.

남미의
역사를 바꾸다

여러분 파나마 운하를 아시나요? 갑자기 운하 얘기가 툭 튀어나와서 좀 당황스럽겠지만, 파나마 운하 건설에는 바이러스가 깊이 관련되어 있습니다. 파나마 운하는 남미의 파나마 지협을 가로질러 태평양과 대서양을 잇는 길이 82km의 운하로 미국에 의해 1914년 8월 15일에 완공되었죠. 이 운하는 여러 가지 역사적 의미를 가지는데, 무엇보다 미국이 대서양을 넘어 태평양까지 세력을 확장하는 데 교두보(결정적) 역할을 했다는 것입니다. 원래 파나마 운하는 프랑스가 건설하기로 되어 있었지만, 파나마 운하를 완공한 것은 미국입니다. 그 결과 남미의 역사는 새로운 국면을 맞이하게 되었죠. 그런데 어떻게 미국이 파나마 운하를 완공할 수 있었을까요? 이에 결정적인 역할을 했던 것이 바로 '황열바이러스'였습니다. 지금부터 이에 관해 이야기해 보겠습니다.

프랑스 나폴레옹 몰락의 단초가 된 황열병

파나마 운하가 남미의 역사에 영향을 미친 점은 이해되어도, 파나마 운하와 황열바이러스가 대체 무슨 상관이 있는지 궁금할 것입니다. 원래 황열은 아프리카 지역의 풍토병이었습니다. 이 바이러스는 인간의 간(肝)에 침범하여 고열을 일으키는데, 이때 얼굴과 흰자위가 노래지는 황달 증상이 동반되기 때문에 황열이라는 이름으로 불리게 되었습니다. 그 밖에 대표적인 증상으로는 갑작스러운 발열, 오한, 심한 두통, 요통, 전신 근육통, 메스꺼움과 구토, 피로 등입니다. 15세기 말에 포르투갈을 비롯하여 유럽 열강들이 서아프리카에 식민지를 건설하기 위해 침략을 했지만, 번번이 좌절했던 건 바로 이 지독한 풍토병 때문이었죠.

1801년에 카리브해의 섬나라인 아이티에서 노예들의 반란이 일어납니다. 그 당시 아이티는 프랑스의 식민지였는데, 독립을 위해 반란을 일으킨 것입니다. 당시 프랑스의 황제였던 나폴레옹은 약 12,000명을 시작으로 수많은 군인을 보내 반란을 진압하려고 했습니다. 그러나 전투 중에 프랑스 군대에 전염병이 돌며 큰 피해를 보게 되었습니다. 1803년 11월 결국 아이티에서 철수할 때까지 파견되었던 33,000명의 프랑스 군인 중 살아서 돌아간 사람은 3,000명에 불과했다고 합니다.

벌써 눈치채겠지만, 이 전염병이 바로 황열이었습니다. 풍토병은 특정한 지역 안에서만 오랫동안 유행해왔던 병을 의미합니다. 바꿔 말하면 유럽 사람들은 이 병에 대한 항체를 가지고 있지 않았기 때문에 상대적으로 황열에 취약할 수밖에 없었죠. 과거 스페인 군대가 천연두에 취약한 잉카 제국을 손쉽게 점령할 수 있었던 이유와 같습니다. 황열은 아이티에는 독립을, 프랑스의 나폴레옹에게는 몰락의 단초를 제공했죠.

서아프리카의 풍토병이었던 황열바이러스는 17세기 초 열강들의 식민지 쟁탈전 속에서 노예선에 실린 채 아메리카 및 유럽 대륙 곳곳으로 전파됩니다. 이렇게 전파된 바이러스는 미국 및 유럽 곳곳에서 집단 발병을 일으키기 시작했죠. 스페인의 항구도시 말라가(Malaga)에서는 무려 전체 인구의 1/3이 감염되기도 했습니다. 어쩌면 식민지 수탈에 눈이 먼 제국주의 욕심이 낳은 결과라고도 볼 수 있겠죠.

파나마 운하 건설 중 또다시 강렬한 존재감을 드러낸 황열병

한바탕 유럽을 휩쓸었던 황열바이러스는 19세기 말 파나마 운하 건설 과정에서 다시 한 번 강렬하게 등장합니다. 원래 파나마 운하의 아이디어는 앞서 천연두바이러스의 역사에서 등장하였던 코르테스가 처음 생각했다고 합니다. 그러나 실제로 공사는 1880년 프랑스에 의해 시작되었습니다. 당시 프랑스 외교관이었던 페르디낭 드 마리 레셉스(Ferdinand de Lesseps, 1805~1894)는 수에즈 운하 개통을 지휘한 경험을 바탕으로 파나마 운하 공사를 지휘했죠. 하지만 수에즈 운하 때와 다른 지리적 조건으로 인해 난공사 구간이 많았고, 여기에 사고 및 질병까지 이어지며 무려 2만2,000여 명의 인부가 죽어 나갔습니다. 프랑스는 결국 9년 만에 엄청난 피해만 본 채 물러나야 했고, 레셉스는 막대한 빚을 지고 파산했죠.

이후 다른 회사가 이 사업권을 이어받지만, 결과는 마찬가지였습니다. 그 당시 인부들 사이에 원인을 할 수 없는 감염병이 유행하며 아프고 죽기 시작했는데, 바로 남미 지역의 풍토병이던 말라리아와 황열이었습니다. 당시 그 지역 주민들은 이를 경고했지만, 사업자들은 대수롭지 않게 여기며 무시했다고 합니다. 남의 진심 어린 조언은 귀담아들을 필요가 있다는 사실을 새삼 일깨워줍니다.

파나마 운하
파나마 운하 공사를 처음 시도한 건 프랑스였지만, 황열과 말라리아 등의 풍토병이 유행하면서 좌초되었다. 파나마 운하는 결국 미국에 의해 완공되었고, 이를 통해 미국은 남미 지역에 강력한 영향력을 발휘할 수 있게 되었다. 파나마 운하가 태평양과 대서양을 잇는 거리는 82킬로미터에 불과하지만, 미국 선박이 뉴욕에서 샌프란시스코로 항하기 위해 남미를 빙 돌아가야 했던 거리를 획기적으로 단축시켰다.

미국에게 남미의 패권을 안겨준 파나마 운하

어쨌든 파나마 운하 공사권은 결국 미국으로 넘어옵니다. 당시 이 운하가 지나가는 파나마는 콜롬비아의 속령(屬領)이었는데, 파나마는 운하 공사를 계기로 미국의 힘을 빌려 콜롬비아에서 독립을 시도했고, 미국이 이를 적극 지지해줍니다. 미국이 파나마 독립을 지원한 이유는 간단합니다. 이를 교두보 삼아 남미 전역으로 미국의 영향권을 넓히기 위해서였죠. 미국은 무력을 통한 강제적인 진압보다 우호적인 관계를 맺어 자신들을 지지하는 세력을 확보하는 게 더 효율적이라고 생각했던 것입니다. 그리고 1903년 미국은 일방적으로 파나마의 독립을 승인합니다. 콜롬비아가 이를 저지하려고 했지만, 미국의 상대가 되기에는 역부족이었죠.

대서양과 태평양을 잇고, 남미까지 세력을 넓히려면 미국은 파나마 운하 건설을 반드시 성공시켜야 했습니다. 그러나 문제는 역시 환경이었죠. 열악한 노동환경은 개선할 수 있지만, 감염병인 말라리아나 황열은 어쩔 도리가 없었습니다. 미국은 이 골치 아픈 문제를 꼭 해결해야 했죠.

1881년 카를로스 핀라이(Carlos Juan Finlay)라는 쿠바 의사는 황열이 모기에 의해 감염된다고 주장했는데, 미국은 핀라이의 이 가설을 검증해보기로 했습니다. 1900년 당시 미 육군 의무단 소속 군의관 월터 리드(Walter Reed) 소령은 건물 두 채를 지었습니다. 그리고 한 건물에는 모기를 철저히 차단한 뒤 황열 환자의 토사물 및 대소변을 묻혔습니다. 그와 반대로 다른 집은 청소를 깨끗하게 했지만, 모기는 차단하지 않았습니다. 그리고 실험 참가자들에게 돈을 지불하고 각각의 집에서 하루를 보내도록 했습니다. 어떻게 됐을까요? 토사물이 묻은 집에서 잔 사람은 아무렇지도 않았지만, 모기를 차단하지 않은 집에서 잔 실험 참여자의 대다수가 황열에 걸렸다고 합니다. 지금이라면 결코 진행될 수 없는 실험이겠죠? 인권 문제가 불거졌을 테니까요. 어쨌든 당시 미국은 이 실험으로 인해 황열의 원인이 모기라는 것을 확신할 수 있었습니다.

미국은 파나마 운하 건설 과정에서 모기를 철저히 방제한 결과, 감염병으로 인한 노동자의 사망 또한 확연하게 줄어들기 시작했습니다. 1904년 5월 4일 미국이 운하 공사에 착공한 지 10년 후, 1914년 8월 15일에 드디어 운하 공사를 마쳤습니다. 파나마 운하는 태평양과 대서양을 잇는 길이 82km에 불과하지만, 미국 선박이 뉴욕에서 샌프란시스코까지 항해하는 거리를 크게 단축시켰습니다. 남아메리카를 빙 돌아서 가야 할 때는 22,500km나 되었지만, 이를 절반 이하인 9,500km로 단축했으니까요.

모든 일에는 원인이 있습니다. 만약 미국도 프랑스처럼 인부들이 감염병으로 죽어가는 것에 관해 아무런 연구를 진행하지 않았다면 파나마 운하는 건설되지 못했거나 훨씬 더 지연되었을지도 모릅니다. 그랬다면 미국이 세계 패권국으로 도약하는 데도 많은 한계가 있었겠죠. 인류는 문제 상황에 대해 끊임없이 고민하고 실험하는 태도를 통해 진보하고 성장해왔습니다. 이 책을 읽고 있는 여러분이 겪고 있는 시련이나 어려움도 마찬가지입니다. 찾아보면 반드시 더 나은 대안, 해결책이 있을 겁니다. 단지 운명이나 숙명으로 치부하는 것이 아니라 이를 적극적으로 해결하려는 역량과 태도만 있다면 말이죠. 인류의 역사 속에서 끊임없이 등장했던 바이러스는 이러한 교훈을 몸소 보여주고 있는 것이 아닐까요?

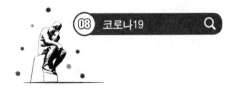

뉴노멀
시대를 열다

2020년 1월 30일 세계보건기구 (WHO)는 국제 보건 비상사태를 발표했습니다. 그리고 2020년 3월 11일, 드디어 팬데믹(Pandemic)을 선언하게 됩니다. 20세기까지 포함하면 3번째, 21세기에만 벌써 2번째 팬데믹 선언입니다. 팬데믹이란 전염병 경보 단계 중 가장 최고 경고등급입니다. WHO의 전염병 경보 단계는 다음과 같습니다.

1단계	동물에 한정된 감염
2단계	소수의 사람에게 감염된 상태
3단계	사람 간 감염 증가된 상태
4단계	급속한 사람 간 전염
5단계	대륙 내 2개국 이상 전염
6단계	2개 대륙 이상 전염 확산

팬데믹, 전 세계에 새로운 표준을 만들어가다!

팬데믹이 선언되면 단순히 감염 위험성 문제를 넘어 전 세계적으로 정치, 경제, 사회, 문화 전반에 엄청난 혼란이 야기될 수 있습니다. 예컨대 우리나라도 강도 높은 사회적 거리두기가 시행됨에 따라 시작된 온라인 개학과 원격수업뿐만 아니라 자영업자들의 영업시간 단축, 재택근무나 화상회의 등으로 사회 전반이 비대면 체계로 전환되는 과정에서 다양한 마찰을 겪어야 했죠. 이렇듯 팬데믹은 이런저런 문제들이 서로 얽히며 자칫 전 세계가 공황 상태에 빠질 수도 있기 때문에 신중하게 판단해야 합니다.

팬데믹이 선언되려면 적어도 바이러스가 2개 이상의 대륙을 넘어 세계적으로 확산되어야 합니다. 코로나19는 1948년에 세계보건기구가 설립된 이후 선언한 3번째 팬데믹입니다. 첫 번째 팬데믹은 1968년 홍콩 독감이었죠. 이 독감 바이러스는 아시아를 거쳐 유럽, 북남미, 아프리카 등으로 퍼지면서 세계적으로 약 100만 명이 사망했다고 합니다. 두 번째 팬데믹은 2009년 신종플루 때였습니다. 2009년 4월 미국과 멕시코에서 발생한 신종플루는 세계 곳곳으로 퍼져 나가면서 1만 8천여 명이 목숨을 잃었습니다.

그리고 세 번째 팬데믹이 바로 코로나19입니다. 2019년 12월 1일 중국 후베이성 우한 지역에서 원인을 알 수 없는 폐렴 환자들이 발생했습니다. 최초 감염자는 12월 1일에 병을 앓기 시작한 70세 남성이었죠. 코로나19 바이러스의 평균 잠복 기간이 2주 정도인 것을 감안하면 이미 11월에 감염이 되었던 것으로 추정됩니다. 초기에 발견된 감염자들 대부분이 고열과 기침 등의 증세와 더불어 폐렴 증상을 보였습니다. 정확한 원인은 알 수 없었지만, 이 전염병의 시작이 우한 재래시장이라는 것만은 확실해 보였죠. 왜냐하면 역학조사 결과 당시 환자 41명 중에서 27명이 그 재래시장을 다녀왔기 때문입니다. 이 재래시장은 중국에서도 야생동물이 식료품으로 많이 거래되던 장소였습니다. 박쥐, 새끼 늑대, 악어까지 거래되고 있었다고 합니다. 그 당시 중국은 때마침 중국 문화권에서 가장 성대한 명절이자 봄맞이 축제이기도 한 '춘절'을 앞둔 시점이었습니다. 대규모 유행의 서막이었죠.

2020년 12월까지 세계적으로 약 7,800만 명이 감염되었고, 약 170만 명이 사망하였습니다. 코로나19로 인해 성장 일로의 길을 걷던 세계 경제는 갑자기 멈추었고, 평범한 일상은 사라져버렸습니다. 그래서 사람들은 코로나19 이후의 세계는 그 전과 결코 같을 수 없다는 의미에서 뉴노멀을 이야기합니다. 대한민국이 생긴 이래 처음으로 전국의 학교들이 문을 닫았습니다. 모든 수업은 온라인으로 진행되었죠. 상점이나 카페 등을 가기 위해서는 개인정보를 기록해야 했습니다. 그리고 모든 관공서에는 열화상 카메라가 설치되었죠. 공공장소나 길거리에서 마스크를 쓰지 않고 있다가는 눈총을 받기 십상이 되었습니다. 불과 1년 전 사람들이 이 모습을 본다면, 먼 미래라고 착각했을지 모릅니다. 눈에 보이지도 않는 바이러스가 인간 문명의 방향까지 바꾸고 있는 것입니다.

2020년부터 거의 매일 지긋지긋하게 들어온 코로나19. 그런데 이 바이러스의 이름이 왜 코로나인지 혹시 알고 있나요? 코로나바이러스(Coronavirus, CoV)는 왕관이라는 뜻의 라틴어 'Corona'에서 따온 것입니다. 이름처럼 마치 왕관의 형상을 하고 있다고 해서 붙여진 이름이죠. 코로나바이러스는 사람, 조류, 설치류, 및 포유류 등 숙주범위가 넓은 RNA 바이러스로 유전체의 크기가 약 30kb에 이르며, 모든 RNA 바이러스 중에서 가장 큰 바이러스라고 합니다.

코로나19
마치 왕관과 같은 형상을 하고 있는 코로나바이러스는 숙주 범위가 넓은 RNA 바이러스의 일종으로 모든 RNA 바이러스 중 가장 큰 바이러스이기도 하다.

변이를 통해 점점 더 강력해지는 코로나바이러스

전 세계인을 공포에 몰아넣은 코로나19이지만, 사실 코로나바이러스 그 자체는 매우 연약하다고 합니다. 과거 연구자들이 박쥐에게서 코로나바이러스를 발견했을 때, 병원성이 너무 약해서 신경조차 쓰지 않았다고 할 정도이니까요. 이 바이러스는 1937년에 돼지와 닭 등에서 처음 발견되었습니다. 연구에 의하면, 코로나바이러스의 종류는 최대 1만 종이 넘을 것으로 추측합니다. 그중에서 인간에게 감염이 가능한 것은 6종 정도라고 하네요. 우리가 흔히 걸리는 감기를 일으키는 가장 흔한 병원체가 바로 코로나바이러스입니다. 에볼라바이러스처럼 치사율이 높은 편은 아니죠.

하지만 문제는 역시나 변종이었습니다. 우리는 앞에서 이미 바이러스의 생존 전략에 대해 같이 살펴봤습니다. 바이러스는 목표는 종의 지속이자 확장이죠. 이를 위해 가장 확실한 방법은 숙주, 즉 서식지를 넓혀가야 합니다. 서식지를 넓혀가려면 스스로 변화하지 않으면 안 됩니다. 예컨대 인간이 극심하게 추운 지방 또는 극심하게 더운 지방에 적응하려면, 그에 걸맞은 생활방식을 가져야 하는 것처럼 말입니다. 그런데 이 코로나바이러스야말로 적응의 고수입니다. 즉 상황에 적절하게 그리고 빠르게 자신을 변화시켜 진화하니까요. 바로 이러한 변종으로 인해 메르스(MERS-CoV), 사스(SARS-CoV), 코로나19(SARS-CoV2)와 같은 감염병이 탄생한 것입니다.

사스는 2002년 11월 중국 광둥성에서 처음 발생했습니다. 한 남성이 발열과 호흡곤란으로 쓰러진 것이 시작이라고 알려져 있죠. 그리고 그해 2월 중국 광둥성에서 사스 환자를 치료했던 한 의사가 홍콩 호텔에 머무르면서 16명의 사람에게 사스 바이러스를 전달했습니다. 그리고 그 16명 다시 아시아, 유럽, 미국 등 32개국으로 돌아가 수천 명의 사람을 감염시키게 되죠. 국내에서는 4명의 감염자가 발생했습니다.

메르스는 2012년 4월 요르단에서 첫 발병이 되었습니다. 메르스는 낙타를 매개로 전염되는 경우가 많아 주로 중동 지방에서 유행했습니다. 우리나라에서는 2015년에 집단 유행한 적이 있습니다. 2015년 7월 28일 종식 선언까지 국내 확진자는 186명이었습니다. 메르스 당시 우리나라는 감염병 대응역량에서 여러 부족한 점을 드러내며 많은 비판을 받기도 했죠.

원래 코로나바이러스의 자연숙주는 박쥐였습니다. 박쥐의 몸에 적응된 코로나바이러스가 바로 인간에게 감염되기는 힘듭니다. 인간에게 감염될 수 있으려면, 그에 적절하게 자신을 변이시킬 수 있는 중간숙주가 필요합니다. 메르스의 경우 박쥐에서 낙타로 건너간 코로나바이러스가 인간으로 온 것으로 알려졌고, 사스는 박쥐에서 사향고양이를 거쳐 인간으로 왔다고 합니다. 이처럼 중간숙주를 통해 인간에게 전파 가능한 형태로 자신을 변이시킬 기회를 가질 수 있었던 것입니다. 코로나19의 경우도 중간숙주를 통해 인간에게

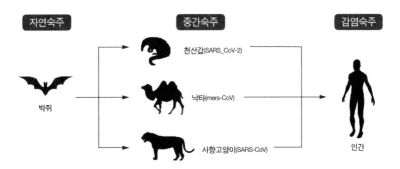

자연숙주와 중간숙주, 감염숙주
자연숙주에 머물던 바이러스가 곧바로 감염숙주로 이동하여 생존하기는 어렵다. 바이러스도 전혀 생소한 환경에서는 살아남기 어렵기 때문이다. 따라서 중간숙주가 필요하다.

전해진 것으로 보는데, 지금까지 코로나19 바이러스의 중간숙주로는 천산갑, 오소리, 토끼 등이 거론되고 있습니다.

앞으로의 세상은 코로나19 이전과 이후로 나뉜다

지금 이 글을 쓰고 있는 저도 마스크를 끼고 있습니다. 코로나19는 여전히 현재 진행 중이니까요. 아직 상황이 완전히 종결되지 않은 현 상태에서 코로나19가 가지는 역사적인 의미를 말하기는 힘듭니다. 그럼에도 불구하고 각계각층의 전문가와 학자들은 하나같이 코로나19 이후의 세상은 그 전과 절대 같지 않을 것이라고 말하고 있죠. 심지어 우리가 기존에 연대를 나눌 때 사용해온 BC(Before Christ)와 AD(anno Domini)도 앞으로는 BC(Before Corona), AC(After Corona), WC(With Corona)로 나눠야 하는 것 아니냐는 말까지 들려오고 있습니다.

> 신속하게 다다라야 할 것만 같은 정점이 지나면 모든 일이 일상으로 돌아갈 것이라고 다들 크게 기대하고 있다. 다들 이런 추세라서, 나는 참석하기로 되어 있던 한 대학의 심포지엄이 9월로 연기되었다는 연락을 한참 전에 받았다. 문제는 비록 삶이 결국 어떤 식으로든 일상과 흡사한 것으로 돌아가겠지만 집단감염 이전의 경험과 동일한 일상은 아닐 것이라는 점이다. 우리는 우리가 일상의 한 부분으로 익숙하게 대하던

일들을 더 이상 당연하게 받아들이지 못할 것이며, 늘 위협에 시달리는 훨씬 더 취약한 삶을 사는 법을 배워야 할 것이다. 우리는 삶을 대하는 태도, 다른 생명체들 가운데서 살아가는 존재로서 우리 실존을 대하는 태도 전부를 바꿔야 할 것이다(S.Zizek, 2020: 100).

그래서 이제부터는 본격적으로 코로나19를 통해 우리 인간에 관해 성찰해보는 한편, 코로나19 이후의 삶에 대한 이런저런 이야기를 나눠보고자 합니다. 분명한 것은 앞으로 인류는 바이러스와 함께 살아갈 수밖에 없다는 점입니다. 세상에는 너무나 많은 바이러스가 존재하고, 심지어 그중 대부분은 인간이 아직 그 존재를 파악하지도 못했습니다. 그리고 지금 우리의 몸속에도 수많은 바이러스들이 머물고 있습니다. 앞서도 잠깐 언급했지만, 그중 일부는 거의 우리 몸의 일부가 되어 심지어 우리에게 이로운 기능을 수행하고 있는 것들도 있을 것입니다. 따라서 어쭙잖게 바이러스와의 전쟁을 이야기하기보다는 어떻게 하면 서로 생산적인 관계를 유지하며 함께 공존할 것인지에 대한 방안을 찾아야 할 것입니다. 모든 숙주에는 바이러스가 있고, 숙주가 살아가는 한 바이러스도 그와 함께 살아갈 것이기 때문입니다.

우리가 남용하는 지구와 우리가 죽이는 생물들이 종국에는 우리에게 복수할 것이다. 우리가 그들의 현재를 착취함으로써 우리 자신의 미래를 갉아먹고 있기 때문이다.

― 미르야 매네스(1904-1990), 미국 작가, 비평가

The earth we abuse and the living things we kill will, in the end, take their revenge; for in exploiting their presence we are diminishing our future.

-Marya Mannes, More in Anger

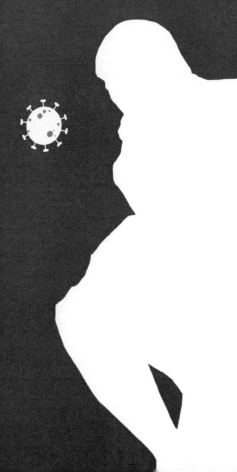

PART 03

바이러스와
성찰

"너를 보며 나의 삶을 돌아보다"

앞에서는 주로 바이러스의 탄생과 존재, 생물학적 특성 등을 중심으로 탐구해보
았다. 어떻게 보면 바이러스는 참 양가성을 띤 존재라고 할 수 있다. 맨눈으로는
볼 수도 없을 만큼 작고 미미한 존재, 혼자서는 생존할 수조차 없어 늘 숙주를 필
요로 하는 연약한 존재인데, 때론 자신이 머물러 있는 숙주의 생명마저 위태롭게
만드는 위협적 존재가 되기도 하니 말이다. 인류보다 먼저 이 지구상에 안착하여,
어쩌면 우리 인류보다 훨씬 더 오래 생존할지도 모를 수상한 존재 바이러스. 이제
부터는 바이러스의 생물학적 정체를 넘어 바이러스의 특성을 바탕으로 인간 사
회의 다양한 문제들에 관해서 함께 이야기해볼까 한다.

너와 내가 함께
잘 살 방법은 없을까?

바이러스는 절대적 기생체라고 불
립니다. 타인의 존재 없이는 살아갈 수 없기 때문이죠. 바이러스는
오직 숙주의 세포 속에서만 생명을 유지하고, 자손도 남길 수 있습니
다. 그런데 바이러스뿐만 아니라, 넓게 보면 우리 인간도 다른 존재
에 일정 부분 의지한 채 삶을 살아가고 있습니다.

관계 속에서 살면서도 관계 때문에 피로를 느끼는 인간의 삶

갓 태어난 인간은 부모의 돌봄이 없으면 생존할 수 없습니다. 만약
아기가 태어나자마자 유기되거나 방치된다면 어떻게 될까요? 다른
누군가가 발견하여 도움의 손길을 주지 않는 한 살아남지 못할 것입

니다. 사실 이것은 다른 동물의 세계에서도 마찬가지입니다. 예컨대 야생에서 일찍이 부모를 여읜 새끼는 금세 포식자의 먹이가 될 확률이 높습니다. 인간 역시 태어난 뒤 최소 십수 년은 애정과 교육, 경제적 지원 등을 포함하여 여러모로 부모의 보살핌이 필요합니다.

그러면 성인이 되면 괜찮을까요? 정말 오롯이 혼자만의 힘으로 살아갈 수 있을까요? 여러분의 주변을 살펴봅시다. 예컨대 지금 입고 있는 옷이나 출출할 때 찾게 되는 과자나 음료수 같은 것도 다른 누군가의 손을 거쳐 우리에게 온 것들이죠. 심지어 지금 읽고 있는 책조차도 알지 못하는 누군가에 의해 만들어진 것입니다. 이렇듯 우리 인간의 삶은 타인과의 매우 복잡한 상호작용 속에서 유지됩니다. 나아가 인간은 공동체를 통해 끊임없이 타인과 대화하고 논쟁하며 살아갑니다. 그래서 철학자 한나 아렌트(Hannah Arendt, 1906~1975)는 인간의 조건으로 노동, 제작, 행위를 제시하였습니다.

노동은 생계를 유지하기 위해 하는 활동이며, 제작은 사물 세계를 창조하는 것입니다. 이 두 조건의 핵심은 혼자서도 가능하다는 것이죠. 하지만 행위는 다릅니다. 이는 언어를 통해 타인과 소통하는 활동을 의미합니다. 그래서 행위는 타인의 존재가 필수적입니다. 쉽게 말해 타인과 소통하지 않는 삶은 인간의 삶이 아니라는 것입니다. 흔히 이를 인간관계라고 합니다.

그런데 원활한 인간관계를 유지하는 것은 말처럼 쉽지 않습니다. 타인과 오해 없이 소통하기란 참 어려운 문제입니다. 생각도 다르고, 가치관도 다르기 때문이죠. 때론 '어떻게 저런 생각을 할 수 있지?' 하는 의문이 들 때도 많습니다. 그래서 섣불리 인간관계를 끊는 경우도 생겨나죠.

'음, 저 사람은 나와 너무 달라. 앞으로 상대하지 않는 게 좋겠어…'

공존하기 위해 스스로를 변화시키는 바이러스

그럼 바이러스는 어떨까요? 바이러스도 낯선 환경에 놓이면 당황하고 우왕좌왕합니다. 만약 우리가 싫은 사람과 한 공간에 있게 되면 이렇게 생각하겠죠.

'난 이 사람이 정말 싫어. 에잇, 그냥 내가 피하자…'

하지만 숙주 없이 살 수 없는 바이러스는 '나는 이 숙주가 싫어. 그냥 밖에 나와서 살래' 하고 무작정 뛰쳐나올 수 없습니다. 그래서 바이러스는 나름대로 대비책을 마련합니다. 스스로 변신을 거듭하는 거죠. 숙주의 몸이 자신이 살기에 적합하지 않으면 변이, 즉 스스로 변화함으로써 살아남으려고 하는 것입니다. 숙주와 안정적으로 공존할 수 있는 길을 스스로 모색하는 것이죠. 만약 바이러스가 변이하지 않고 자신의 모습만을 고집한다면 이는 숙주는 물론 자신에게도 훨씬 더 치명적인 결과를 낳게 됩니다.

그런데 바이러스가 아무리 쉽게 변이를 한다고 하더라도, 아무렇게나 변이를 하는 것은 아닙니다. 자신의 존재 목적, 삶의 본질은 달라지지 않습니다. 즉 변이를 통해 숙주를 굴복시키고 지배하겠다는 야심 같은 건 애초에 바이러스에게 존재하지 않습니다. 본질은 여전히 더 오래 살아남아서 널리 자손을 퍼뜨리는 것뿐이죠. 바이러스에 의해 목숨을 잃는 사람들이 있기 때문에 오해하기 쉽지만, 바이러스의 목표는 숙주를 죽이는 것이 아닙니다. 오히려 가능한 한 숙주와 함께 오래 공존하려고 합니다. 실제로 지구상에 존재하는 바이러스의 대부분은 아무에게도 그 존재조차 들키지 않은 채 조용히 살아갑니다. 그냥 있는 듯 없는 듯 함께하는 거죠. 이는 바이러스가 수십억 년의 진화 과정에서 터득한 지혜일 것입니다. 지금 이 순간 우리 몸속에도, 또 우리가 무심코 들이마시는 공기 속에도 수많은 바이러스가 존재하고 있으니까요.

사회적 존재를 넘어, 정치적 존재로서의 인간

사회 속에서 관계를 맺고 살아가는 데 있어 갈등을 아예 피할 방법은 없습니다. 하지만 갈등이 관계의 파국을 일으키는 상황만큼은 피하는 것이 좋겠죠? 갈등이 고조되어 파국에 이르는 경우의 대부분은 서로가 자신의 생각이나 고집을 꺾지 않기 때문입니다. 바이러스가 가진 유연한 모습이 필요한 때입니다. 하지만 바이러스와 인간은 엄연히 다른 존재입니다. 즉 자신의 가치관이나 생각만을 무조건 고집해서 타인을 제압하려는 태도도 곤란하지만, 바이러스처럼 무조건 남에게만 맞출 수는 없다는 뜻입니다. 함께 모여서 의견을 조율하고, 타협하며 어울려 살아갈 최선의 방안을 모색하는 유연성이 필요합니다. 때로는 자신의 의견을 내려놓고 양보해야 할 때도 있고, 때론 신념을 지켜야 할 때도 있습니다.

사실 우리는 상황에 따라 줏대 없이 모습을 빈번하게 바꾸는 사람을 그리 좋게 보지는 않습니다. 자기 이익에 따라 쉽게 가치관을 바꾸는 사람을 생각해봅시다. 전관용의 소설 《꺼삐딴 리》를 보면 '이인국'이라는 인물이 등장합니다. 이 사람은 일제강점기 시절, 오직 개인의 이익을 위해 친일 행각도 서슴지 않는 모습을 보입니다. 그는 이후에도 시대의 흐름에 따라 기회주의적인 태도로 일관하며 강자의 편에 기생해 살아가죠. 영화 〈기생충〉에 등장하는 지하실 인간도 마찬가지입니다. 자신의 신념이나 생각 없이 남의 집에 꼭꼭 숨은 채 오직 생존만을 이어갈 뿐입니다. 이 두 인물이 처해 있는 상황은 다를지 모르지만, 타인의 삶에 기생해서 생존만 중요시하는 측면에서 보자면 바이러스와 다를 바 없죠.

하지만 바이러스처럼 오직 생존만을 생각한다면 인간은 참 하찮은 존재가 되고 맙니다. 우리는 인간이기 때문에 바이러스와 큰 차이를 가집니다. 일단 바이러스는 숙주의 모습에 맞추어서 자신을 변화시켜야만 살아남지만, 우리 인간은 그렇지 않습니다. 인간은 상호 소통을 통해 얼마든지 합의점을 찾아갈 수 있죠. 또한 생존을 위해 무조건 신념을 버리지도 않습니다. 옳지 않은 일에 대해서는 끝까지 타협하지 않고 자신의 신념을 꿋꿋이 지켜갈 수 있는 능력이 있죠. 일제강점기 시절에 생존을 위한 최선의 선택은 친일파가 되는 것이었습니다. 하지만 독립운동가들은 그런 길을 택하지 않았죠. 그건 생존보다 더 소중한 가치를 지켜내기 위함이었을 것입니다.

그래서 아리스토텔레스는 인간을 정치적 존재라고 했습니다. 정치적 존재라는 말은 우리가 잘 아는 사회적 존재라는 말과는 차이가 있습니다. 사회적 존재는 단순히 다른 사람들에게 의존하며 살아가는 삶을 의미합니다. 쉽게 말해 인간은 홀로 살아가는 게 아니라 타인과의 관계 속에서만 살아갈 수 있다는 것입니다. 하지만 정치적 존재는 단지 함께 사는 것을 넘어섭니다. 즉 공통의 비전, 도덕적 가치, 정치적 신념 등에 대해 논쟁하고 토론하며 합의를 추구하는 삶입니다. 이때 인간은 단순히 사회적 존재를 넘어 주체적이며 정치적인 존재가 됩니다.

우리는 타인에게 기생해서 살아가는 것이 아니라 함께 살아가는 존재입니다. 더불어 살아가기 위해서는 한 명의 주체로 설 수 있어야 합니다. 자기 생각이나 신념, 가치를 가지고 살아가야 하죠. 타인과 끊임없이 소통하고, 토론하며, 자신의 삶을 성찰하는 태도도 중요하지만, 그 어떤 순간에도 일관성 있게 가지고 가야 하는 가치와 신념이 무엇인지에 대해서도 끊임없이 고민해야 합니다. 그것이 주체적인 삶이며, 인간의 삶인 것입니다.

"나도 잘살고, 너도 잘사는 방법은?"

박쥐가 200여 종이 넘는 바이러스와 공존할 수 있었던 가장 큰 이유는 앞서 살펴본 바와 같이 적절한 면역반응 때문입니다. 여기에서 적절한이라는 말이 중요합니다. 단순히 면역 능력으로만 비교하면 오히려 인간이 박쥐보다 훨씬 더 뛰어납니다. 하지만 과도한 면역반응은 오히려 우리 신체에 해를 가할 수 있습니다. 적절한 선을 지키는 것이 중요한 이유입니다.

사실 갈등이나 대립이 전혀 없는 삶은 불가능합니다. 그런데 이러한 갈등이나 대립 상황에서 함께 해결 방안을 모색하기보다는 일방적으로 배제하는 태도를 취하기 쉽습니다. 예컨대 자신의 삶에 원치 않는 누군가가 끼어들면, 우리는 그를 외면하거나 내쫓기 위해 최선을 다합니다. 말다툼부터 시작해서 험담, 따돌림, 심지어 폭력 등으로까지 이어지기도 하죠. 이는 국가 운영에 대해서도 마찬가지입니다. 국가의 가장 중요한 임무 중 하나는 국민의 생명과 재산을 보호하는 것입니다. 하지만 이것이 이방인에게는 동일하게 적용되지 않습니다. 예컨대 이주여성, 장애인, 동성애자, 불법체류자, 난민 등은 철저히 법의 테두리 밖으로 배제되기 일쑤입니다. 이를 두고 이탈리아의 철학자 조르조 아감벤은 '벌거벗은 생명', 즉 호모 사케르(Homo Sacer)라고 부릅니다. 이들은 나치 시대의 유대인들처럼 철저히 배제되고 억압되는 존재들을 말하죠.

호모 사케르가 어떤 국가의 주권 내로 들어오려고 할 때면 폭력과 저항이 나타납니다. 그런데 이러한 폭력은 국가가 아니라 국민에 의해 일어나기도 하죠. 왜냐구요? 자칫 그들로 인해 자신들이 피해를 입지 않을까, 즉 배제당할까 우려하기 때문입니다. 그래서 구분을 짓는 것이죠.

이는 학교 안에서의 따돌림도 마찬가지입니다. **집단 따돌림**이 발생하는 주요 이유 중 하나는 자신이 따돌림당하지 않기 위해서입니다. 적어도 따돌리는 집단에 속해져 있다면 왕따가 되는 위험에서 만큼은 안전해질 수 있으니까요. 하지만 우리가 잊지 말아야 할 것이 있습니다. 이방인에 대한 일방적인 배제와 폭력은 결국 자신들에 대한 억압으로 되돌아온다는 것을 말이죠. 이방인에 대한 냉소적이고 권위적인 국가일수록 국민에 대해서도 마찬가지로 억압적인 경우가 많습니다. 마치 사이토카인 폭풍과 같습니다.

결국, 배제와 폭력만으로 해결되는 것은 아무것도 없습니다. 그럼 우리는 무조건 참아야 하는 걸까요? 상대방이 나에게 모욕을 주거나 해를 주더라도 말이죠. 당연히 아닙니다. 그래서 **적절한 대처**가 중요합니다. 바로 이것이 박쥐가 우리에게 주는 교훈입니다. 앞에서 보았듯이, 박쥐는 바이러스에 대해 평소 적절한 면역 수준을 유지하되, 과도한 병원성만을 통제합니다. 무조건 바이러스를 죽이는 면역을 발휘하지 않는다는 뜻입니다. 다시 말해 근본적으로 공존을 위한 균형점을 찾아가는 거죠.

일방적인 대립과 외면, 폭력이 아니라 상대방과 공존할 수 있는 적절한 지점을 찾아가려는 노력이 중요한 때입니다. 접점을 찾아가는 과정에서 때로는 갈등이 있을 수도 있고, 말다툼이 일어날 수도 있습니다. 그러나 그 과정의 목적이 상대방에 대한 철저한 배제가 아닌 공존, 즉 함께 살아가기 위한 방향을 찾아가는 것이어야 합니다. 박쥐와 바이러스가 서로 큰 문제를 일으키지 않고 공존하는 것처럼 말이죠.

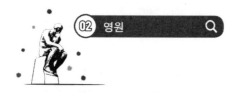

불멸에 관한
인간과 바이러스의 동상이몽

만약 여러분이 영원한 삶을 살게 된
다면 어떨 것 같나요? 특히 현재 입시를 앞둔 상태라면 '영원한 고3…'
아이고, 상상만으로도 숨이 턱 막히겠죠? 반대로 현재 너무 행복한데,
이것이 영원히 계속된다면 어떨까요? 마냥 행복할 수 있을까요?

소설 《트리갭의 샘물》에는 어떤 신비한 샘물을 마시고 영원한
삶을 살게 되는 터크네 가족 이야기가 등장하는데, 이야기 속에서
아버지 앵거스 터크는 영원토록 한 자리에 멈춰 있는 삶을 재앙이
라고 생각합니다. 하지만 영원히 사는 것은 싫다고 생각하는 사람
들조차 당장 죽음을 맞이하는 것은 두렵고 싫을 것입니다. 당연합
니다. 모든 생명체는 본능적으로 자신의 존재를 지속시키고자 하니
까요. 생존은 모든 생물이 가진 일종의 본능입니다. 본능을 충족하
기 위해 때가 되면 먹고, 마시고, 자는 것을 반복하는 거죠.

생존을 위해 더 많은 숙주를 찾아 헤매는 바이러스

생존을 위한 본능을 충족한다는 것은 생각만큼 단순하지 않습니다. 일단 영원히 산다는 것이 불가능하기 때문이죠. 혹시 중국을 최초로 통일했던 진시황제에 관한 이야기를 들어봤나요? 중국을 통일하고 권력을 손에 쥔 그는 영원한 삶을 원했죠. 그는 평생 온갖 수단을 동원해 불로장생약을 찾아 헤맸지만, 결국 죽었습니다. 그렇게 엄청난 권력을 가진 사람도 죽음을 피할 수는 없었던 것입니다. 모든 인간은 죽음을 피할 수 없으니까요.

한편 바이러스는 어떨까요? 바이러스 역시 가능한 영원한 존재를 꿈꿉니다. 하지만 개체로서의 바이러스는 너무도 연약합니다. 그래서 빠르게 자신의 자손을 널리 퍼뜨리는 것으로서 삶을 이어가죠. 바이러스가 자신의 존재를 퍼뜨리기 위해서는 다른 생명체의 세포 속으로 끊임없이 들어가야 합니다. 바로 이것이 바이러스가 영원을 추구하는 방식입니다.

바이러스는 수십억 년의 진화 과정을 거치며, 최적화된 전략을 찾아냈습니다. 인간은 자신의 자손을 퍼뜨리기 위해서 남녀가 만나야 하고, 또 10달가량 임신 상태를 잘 유지해야 합니다. 그리고 아기를 낳고도 족히 십수 년을 먹이고 입히며 잘 보살펴야 하죠. 그런데 바이러스는 그렇지 않습니다. 다른 세포에 들어가면 순식간에 자신과 똑같은 바이러스를 복제해내기 시작합니다. 48시간 내에 100배로 증식하기도 하죠. 참으로 엄청나지 않나요?

바이러스가 안정적으로 번식하기 위해서는 최대한 많은 숙주를 가질수록 유리합니다. 그래야 숙주가 죽어도 다른 새로운 숙주 안에서 살아갈 수 있죠. 그런데 인간이 개발한 백신이나 면역작용으로 인해 바이러스 감염이 잘 일어나지 않는 경우가 많습니다. 즉 옮겨갈 다른 숙주를 찾기 어려워지는 거죠. 이러한 위기에 바이러스는 포기할까요? 물론 그렇지 않습니다. 바이러스는 변신하기 시작합니다. 변신을 통해 면역세포가 자신을 알아보지 못하게 속이는 거죠. 자신을 제대로 공격하지 못하도록 말입니다. 보통의 생명체에서 이런 수준의 변신이 가능하려면 족히 수만 년의 시간이 필요합니다. 하지만 바이러스는 순식간에 이런 변신을 이뤄냅니다. 어쩌면 이것이야말로 바이러스가 신체를 포기한 채 유전자 정보로만 살아가는 이유일지도 모릅니다. 어떤 의미에서든 영원을 갈구하는 것은 생물체의 본능이니까요.

사람은 죽어서 ○○을 남긴다

영원히 살아남기 위해 신속한 변이를 가능하도록 신체를 포기한 바이러스. 하지만 인간은 다른 방식으로 영원을 추구하는 방법을 찾기 시작했습니다. 물론 인간도 바이러스와 마찬가지로 자손을 남기지만, 그 외에도 다양한 방법을 생각했습니다. 자신이 죽더라도 자신의 존재를 증명할 수 있는 그 무엇인가를 남기는 방식으로 말이죠. 대표적으로 학문, 예술, 종교 등이 그것입니다. 더 나아가 아예 죽음마저 뛰어넘는 원대한 이상과 희망을 품습니다. 인간은 때론 자신의 이상을 위해 생명까지도 기꺼이 포기할 수 있는 존재입니다. 생명을 포기하면서 영원을 사는 것입니다. 참 역설적이죠?

철학자 소크라테스(Socrates, BC470~BC399)를 아시나요? 그는 2000년도 더 전에 그리스의 한마을에 살았던 볼품없는 노인이지만, 지금은 전 세계 사람들의 정신 속에서 끊임없이 살아 움직이고 있습니다. 그것은 자신의 철학적 신념을 위해 당당히 독배를 마실 수 있었기 때문입니다. 마지막 재판에서 판정관들은 소크라테스에게 철학하는 일을 그만두면 살려주겠다고 제안합니다. 하지만 소크라테스는 자신을 고소한 법정 앞에서 다음과 같이 말합니다.

> "아테나이 여러분, 나는 여러분을 좋아하고 사랑하지만, 여러분보다 신에게 복종할 것입니다. 내가 숨을 쉬고 그럴 능력이 있는 한, 나는 철학으로 소일하는 일도, 여러분에게 조언하는 일도 만나는 모든 사람들에게 여느 때처럼 다음과 같이 지적하는 일도 그만두지 않을 것입니다."[1]

법정 앞에서 소크라테스는 철학하는 삶을 포기하느니 차라리 죽음을 택하겠다고 당당하게 말하고 독배를 마시죠. 죽음을 택함으로써 소크라테스의 삶과 철학은 영원성을 가지게 된 것입니다. 철학자 알

....
1. 천병희, 《소크라테스의 변론》, 숲, 2016, 44쪽

아테나이 여러분,
나는 철학하는 삶을
포기하느니 차라리
죽음을 택하겠소…

#소크라테스_#독배를_들다_#철학이여_#영원하라!

랭 바디우(Alain Badiou, 1937~) 역시 인간이 아무런 이상이나 희망도 품지 않고 그냥저냥 생을 이어간다면, 한 줌 흙으로 돌아갈 때까지 그저 죽음을 기다리는 동물과 다를 바 없다고 보았습니다. 즉 인간은 진리와 윤리를 추구함으로써 영원한 삶을 살 수 있다고 본 것입니다.

이제 바이러스가 추구하는 영원의 삶과 인간이 추구하는 영원의 삶의 차이를 아시겠죠? 영원을 위해 어떤 선택을 할지는 여러분 각자의 몫입니다.

어떻게
죽을 것인가?

바이러스에게 죽음은 어떤 의미일까요? 바이러스에게 각 개체의 죽음은 큰 의미가 없습니다. 앞서 얘기한 것처럼 누군가 코로나19에 걸렸다가 완치되었다고 해도 코로나19가 이 세상에서 사라지는 것은 아니니까요. 바이러스의 진짜 죽음은 종이 살아남을 공간이 이 세상에서 영영 사라지는 것입니다. 다시 말해 자신들이 들어가 살 수 있는 숙주가 이 세상에 존재하지 않는 거죠. 예컨대 숙주에게 항체가 생기거나, 백신이 개발되면 바이러스는 감염력을 잃게 됩니다. 감염력이 사라진 바이러스는 더는 발붙일 대상을 찾지 못하게 됩니다. 물론 일부 바이러스는 자연숙주 속으로 숨어들어 다시금 세상으로 나올 때를 조용히 기다릴 것입니다. 이렇듯 바이러스 개체가 시시각각 사라지더라도 종 자체가 세상 어딘가에 숨어서 연명하고 있다면, 바이러스에게 죽음은 없는 셈이죠.

생명의 한계를 초월하는 인간의 선택

반면 인간에게는 종의 지속보다는 개인의 삶이 더 중요합니다. 내 삶이 끝나는 것이 곧 죽음이죠. 불확실한 것투성이인 인간의 삶에서 죽음만큼 확실한 것은 없습니다. 그래서 철학자 하이데거(Martin Heidegger, 1889~1976)는 인간을 죽음을 향한 존재라고 했습니다. 결국 인간의 최종 목적지는 죽음일 수밖에 없습니다.

그런데 인간에게 죽음은 좀 더 다양한 의미를 담고 있는 듯합니다. 이것이 무슨 말이냐고요? 즉 죽음은 단순히 삶의 끝이 아니라는 얘기입니다. 예컨대 종교에서는 죽음 이후의 삶을 이야기합니다. 흔히 '내세(來世)'라고 말하는데, 죽음 이후에 천국이든, 지옥이든 아니면 또 다른 세상이 펼쳐진다는 거죠. 소크라테스는 죽음 이후에야 비로소 진정한 진리의 세계를 볼 수 있다고 믿었습니다. 최근 유행하는 드라마에서도 도깨비, 귀신, 저승사자 등 소위 저세상 캐릭터들을 심심치 않게 볼 수 있습니다. 사후세계를 말한다는 건 인간에게 죽음은 끝이 아니라 새로운 시작이라는 의미도 담고 있습니다. 그래서 삶을 더 충실히 살아가게 합니다. 죽음 뒤의 더 나은 삶을 위해 현재의 삶을 부끄럽게 않게 살아가도록 책임감을 갖게 하는 것이죠.

인간은 누구나 죽음을 피할 수 없지만, 그렇다고 한 인간에게 죽음은 그저 어쩔 수 없이 맞이하는 수동적인 현상만은 아닙니다. 적극적으로 죽음을 준비하고 선택하기도 하죠. 어느 유명한 소설가

한 분은 말기 암 선고를 받고 가장 먼저 자신이 빚졌던 사람들에게 빚을 갚았다고 합니다. 그리고 자신이 떠나고 남을 사람들을 위해 제사 절차까지 유언으로 상세히 남겼다고 하네요. 그 외에도 사람들은 자신이 죽을 날을 대비하여 수의를 미리 준비하기도 하고, 상조회사에 가입해서 자식에서 경제적 부담을 주지 않으려고 합니다. 자신을 위해서가 아니라 자신의 죽음 이후 세상에 남겨질 사람들을 생각하는 것입니다. 만약 바이러스가 생각이라는 걸 할 수 있다고 해도 이러한 인간의 선택은 전혀 이해할 수 없을 것입니다.

나아가 인간은 죽음의 방식까지 걱정합니다. 예컨대 깊은 병이 들어 회생 가망이 없는 상태에서 고통스러운 치료를 감수하며 힘겹게 연명하기보다는 품위 있는 죽음을 원하기도 하죠. 최근 이슈가 되었던 '웰다잉(well-dying)'과 존엄사 또한 고통스러운 삶보다는 품위 있는 죽음을 원하는 사람들이 있기 때문에 나올 수 있는 말입니다. 존엄사에 대해서는 여전히 논란이 많지만, 세계적으로 본다면 존엄사를 인정하는 국가들은 점점 더 늘어가는 추세입니다. 현재로는 스위스나 네덜란드가 대표적으로 존엄사를 인정하고 있는 나라들이죠.

단절, 끝 VS 새로운 시작

바이러스는 어떻게든 오로지 생존을 위해 발버둥칩니다. 만약 사멸, 즉 죽음에 이르면 존재는 단절되며 그것으로 끝입니다. 하지만 우리 인간은 다릅니다. 인간에게 죽음은 삶의 한 부분이자 새로운 시작이라는 의미까지 함께 담고 있으니까요. 인간에게 삶과 죽음은 항상 공존하는 것입니다. 이것이 우리가 죽음에 대해 고민해야 할 이유입니다. 어차피 사는 동안 우리가 죽음을 마주할 기회는 없습니다. 죽음을 마주하는 순간 삶은 끝나기 때문입니다. 그렇지만 바꾸어 생각하면, 끝이 있다는 것, 삶이 영원하지 않음을 아는 것은 중요합니다. 그것은 삶을 대하는 근본적인 태도와 관련이 있습니다. 실존주의자들은 죽음을 직면할 때, 비로소 삶이 제대로 보인다고 했습니다. 우리가 삶을 살아가고 있다는 것을 느끼는 것은 죽음을 직면했을 때라는 것입니다. 그래서 철학자 야스퍼스(Karl Theodor Jaspers, 1883~1969)는 죽음을 망각하거나 외면하지 말고 적극적으로 직면해야 한다고 주장합니다.

또한 죽음은 매 순간의 삶이 가지는 고유성과 소중함을 일깨워줍니다. 죽음을 향하는 삶의 길에서 반복은 없기 때문입니다. 매 순간이 모두 고유하며 영원합니다. 내가 지금 하는 행동, 생각, 선택은 그 자체로 고유하며, 내 삶에서 영원히 지울 수 없는 하나의 점으로 남는 것입니다. 순간순간이 내 삶을 이루는 한 작품이자 그것들이 모여 비로소 내 삶을 완성하죠. 미래의 삶의 완성, 성공을 위해 지금의 삶을 허비하는 것을 죽음은 기다려주지 않습니다.

여러분이 태어나기 전인 1995년 6월 29일, 당시 호화로운 이미지와 함께 높은 매출을 자랑했던 삼풍백화점이 갑자기 붕괴하는 사고가 있었습니다. 이로 인해 무려 501명이 허무하게 목숨을 잃고 말았습니다. 그리고 바로 전해인 1994년 10월 21일에는 성수대교가 끊어지면서 평소처럼 등교와 출근을 하던 학생, 직장인 등 30여 명이 사망하였습니다. 그 날 사망한 사람 중 누구도 오늘 자신이 죽게 되리라는 걸 짐작한 사람은 없었을 것입니다. 이렇듯 죽음이 주는 불확실성은 우리에게 매 순간 삶을 아름답게 가꿔 나가라고 알려줍니다. 그렇게 하여 언제든 죽음이 나를 찾아와도 기꺼이 삶을 긍정하고, 죽음을 환대할 수 있어야 한다고 말해주는 것입니다.

혹시 지금 이 글을 읽고 있는 여러분은 지금 이 순간의 삶을 긍정하고 있나요? 그리고 언제든 다가올 죽음을 환대할 준비가 되어 있나요? 아직은 죽음보다는 삶을 생각하기에도 벅찬 시간일 것입니다. 하지만 앞으로 여러분의 더 풍요로운 삶, 더 행복한 삶을 위해서라도 이 순간 죽음에 대해 한 번쯤 진지하게 고민해보는 것은 어떨까요?

인간이라는 신대륙을
거침없이 누비는 개척자들

요즘은 바이러스가 텔레비전이나 뉴스에서 가장 자주 등장하는 단어 중 하나입니다. 하지만 제가 어렸을 때만 해도 바이러스는 일상적으로 쉽게 접할 수 있는 단어가 아니었습니다. 제 기억으로는 왠지 '바이러스'라는 이름부터 SF영화에나 등장할 법한 무시무시한 외계 생명체 같은 느낌이 들었던 것 같습니다. '바이러스'라는 이름을 일상에서 자주 접하게 된 것은 비교적 최근입니다. 그러다가 2002년의 사스, 2012년의 메르스 사태를 겪으면서 바이러스는 공상이 아닌 우리 코앞에 놓인 현실이 되고 말았죠. 미지의 대상이 아니라 현실의 두려움이 된 것입니다. 특히 2020년 코로나19로 인한 팬데믹은 우리 모두의 평범한 일상을 상당 부분 바꾸고 말았습니다. 상상만 해온 실체 불명의 외계인이 실제로 우리 지구를 습격해온 느낌입니다.

바이러스에게 인간은 가능성이 무궁무진한 미개척지

문득 이런 질문이 떠오를 것입니다.

"코로나19 이후에도 우리 삶에 바이러스가 계속 출몰할까?"

불행히도 대부분 학자들은 그렇다고 말합니다. 이유는 간단합니다. 인간은 바이러스에게 있어서 생존 가능성을 엄청나게 높여줄 탐나는 미개척지이기 때문입니다. 이전까지 아주 오랜 세월, 인간에게 해를 줄 만한 바이러스의 대부분은 인간의 발길이 잘 닿지 않는, 주로 밀림 깊숙한 곳에서 살았습니다. 예컨대 박쥐나 침팬지 같은 동물 속에 기생하면서 말이죠. 그리고 비교적 평안하게 공생해왔습니다. 그런데 집약적 농경, 산업화, 난개발 등과 함께 지구는 짧은 시간 동안 과거 어느 때와 비교할 수 없을 만큼 큰 변화를 겪게 됩니다. 엄청난 규모의 밀림이 순식간에 파괴되고, 수많은 야생동물들 또한 멸종의 위기를 맞이하게 되었습니다. 즉 바이러스 주요 숙주들의 서식지가 빠르게 줄어들면서, 숙주들의 개체 수도 현저히 줄어들기 시작한 거죠. 숙주가 줄어든다는 것은 바이러스가 살아갈 터전도 사라진다는 뜻입니다. 인간으로 치면, 집이 없어지는 것이죠. 아니, 바이러스에게는 단순히 기거할 공간을 넘어 생사가 걸린 문제입니다. 그럼 어떡해야 할까요? 당연히 새로운 집을 찾아 떠나야 합니다.

과거 유럽 사람들이 새로운 대륙을 향해 떠났던 이유도 마찬가지였습니다. 산업혁명을 거치면서 본인들이 살던 땅은 이미 포화상태가 되어 꽉 차 버렸거든요. 새로운 노동력과 영토, 자원이 필요했습니다. 그래서 식민지를 만들기 위해 배를 타고 목숨을 건 기나긴 탐험을 떠났던 것입니다. 바이러스도 기존의 숙주를 떠나 새로운 대륙을 찾아야 했습니다.

새로운 터전은 어때야 할까요? 일단 먹을거리가 많고, 넓으면 좋습니다. 풍족하고 여유롭게 살아갈 수 있으니까요. 바이러스도 마찬가지입니다. 바이러스는 세포를 통해 증식하니 세포 수가 많은 숙주면 좋습니다. 세포의 수가 많다는 것은 몸집이 제법 크다는 것을 의미하죠. 또한 박쥐처럼 가까운 지역에 많은 개체가 모여 살면 더할 나위 없습니다. 한 개체가 감염되어, 약해지면 또 다른 개체로 빠르게 이동해야 하니까요. 그만큼 개체가 차지하고 있는 영토도 넓어야 한다는 뜻입니다.

현재 지구상에서 가장 개체 수가 많고, 또 가장 많은 지역에 분포하여 살고 있으며, 게다가 어느 정도 덩치가 있는 동물은 무엇일까요? 짐작되시죠? 네, 바로 인간입니다. 바이러스에게 인간은 먹거리와 자원이 풍족한 신대륙이자 블루오션입니다. 아직 제대로 개척되지 않았지만, 무궁무진한 가능성을 안고 있는 참 매력적인 대상이죠. 그리고 솔직히 현대사회에서는 바이러스가 아무리 다른 동물에게 옮겨가고 싶어도 결국 인간에게 다다를 확률이 높습니다. 주변 어디를 둘러봐도 온통 우리 인간일 테니까요.

새로운 모험을 위해 감당해야 할 리스크들

여러분 혹시 이런 말을 들어본 적이 있나요?

High Risk High Return

주로 투자에서 위험이 높으면 수익이 높다는 뜻으로 사용됩니다. 다시 말해 모험이 없는 곳에는 이익도 없다는 뜻이죠. 그런데 이는 바이러스에게도 마찬가지입니다. 인간이라는 가능성이 무궁무진한 새로운 숙주를 찾아 떠나는 여정은 바이러스에게 목숨을 건 위험천만한 모험과 같습니다.

실제로 대부분의 바이러스는 제대로 적응하지 못한 채 소멸하며, 극소수의 바이러스만이 종간 전파에 성공할 뿐이죠. 그런데 여기서 끝이 아닙니다. 설사 전파에 성공하더라도 감염된 숙주 안에서 효과적으로 적응하려면 또다시 시간이 필요하니까요.

과거 인간들도 마찬가지였습니다. 오늘날 아메리카 대륙을 발견한 콜럼버스에게도 당시 발견되지 않았던 미지의 신대륙을 찾아서 오랜 시간 배를 타고 떠나는 길은 어쩌면 다시 돌아올 수 없는 목숨을 담보한 위험천만한 도전이었을 것입니다. 신대륙을 발견하지 못하면 바다 위에서 하염없이 표류하다가 결국 굶어 죽거나 병들어 죽거나 난파를 당해 죽을 수도 있었으니까요.

어떻게 보면 인간의 역사는 이러한 위험한 도전의 끊임없는 반복이었습니다. 그러한 도전을 통해 눈부신 발전을 이뤄간 거죠. 편안하고 안정적인 터전과 문화를 뒤로하고 새로운 가능성을 향해 나가는 도전이야말로 발전과 진보를 이끄는 원동력이었으니까요. 개인의 삶도 마찬가지 아닐까요? 누구나 익숙함에 머물러 있으면 편안함을 느낍니다. 하지만 그 익숙함이 항상 좋은 것은 아닙니다. 때로는 그 익숙함을 넘어 새로운 것을 향한 도전이 필요할 수 있습니다. 그것은 때론 기존의 제도, 관습, 권력, 구조, 상식에 대한 도전일 수도 있습니다. 어쩌면 이 도전 때문에 좌절하고, 심지어 다른 사람들의 온갖 비난까지 감수해야 할 수도 있습니다. 하지만 이러한 도전이야말로 인간의 삶을 한층 가치 있게 하는 중요한 요인이 아닐까요?

도전을 통해 새로운 대륙, 가치, 이상에 도달했다고 해도 끝은 아닙니다. 또다시 적응의 과정이 필요합니다. 익숙하지 않기 때문입니다. 콜럼버스가 아메리카 대륙을 발견한 뒤에는 기존의 원주민들과 수많은 갈등과 서로 피를 흘리는 전쟁이 벌어졌습니다. 그 과정에서 유럽인들은 원주민에 대한 무차별적인 학살을 자행하기도 했죠. 올바른 적응 방법을 알지 못하면 이렇게 극심한 갈등이 야기될 뿐만 아니라, 때론 나쁜 일까지 저지르게 되는 것입니다. 도전과 함께 올바른 적응 방법에 대한 고민이 중요한 이유이죠.

바이러스에게 인간도 꽤 위험하긴 하지만, 가능성이 무궁무진한 매력적인 개척지인 셈입니다. 그리고 아직 완전히 개척되지 않은 상태입니다. 아직 개척되지 않았다는 것은 적응 과정이라는 뜻이기도 하므로 어쩌면 숙주에게는 치명적인 영향을 줄 수도 있죠. 바이러스 입장에서는 숙주가 죽으면 함께 죽어야 하니 별로 좋은 현상은 아닙니다. 하지만 바이러스는 나름대로 오랜 시간 쌓아온 진화의 경험상 뭔가 확신을 가지고 있을 것입니다. 언젠가는 인간에게도 충분히 적응할 수 있을 거라고 말입니다. 살아남기 위한 바이러스의 다소 무모한 도전은 앞으로도 계속 이어질 것입니다. 더불어 우리 인간의 도전 또한 계속될 것입니다.

바이러스
철학을 만나다

보이지 않는 것을
생각하다

바이러스는 인간의 맨눈으로는 절대 볼 수 없습니다. 세균이나 박테리아보다도 작기 때문입니다. 미생물 중에서도 가장 작은 것이 바이러스입니다. 그렇지만 작다고 마냥 무시해서는 안 됩니다. 왜냐하면 이미 앞장에서 살펴본 것처럼 이 눈에 보이지도 않는 작은 존재가 때론 인류의 역사마저 바꾸어왔으니까요. 바이러스는 수많은 동식물에 기생하면서 인류에게 많은 영향을 미쳐왔습니다. 인간은 물론 가축을 포함한 수많은 생명을 앗아간 치명적인 전염병을 유발했고, 식물을 감염시켜 수확에 막대한 피해를 주기도 했습니다. 때로는 역사의 흐름을 바꾸기도 했죠. 하지만 과학이 발전하기 전, 옛날 사람들은 아무리 몸이 아프고 가축이 갑자기 죽어 나가도 좀처럼 그 이유를 알 수 없었습니다. 감염으로 인한 증상은 눈에 보일지언정, 바이러스 자체는 보이지 않기 때문이죠.

보이지 않아도 존재하는 것들

보통의 생물은 눈에 보이지 않는 것에는 신경을 쓰지 않습니다. 보이지 않는 것은 그냥 존재하지 않는 것이나 마찬가지인 거죠. 그런데 똑똑한 우리 인간은 이렇게 생각했습니다.

'눈에 보이지는 않지만, 분명 어떤 원인이 있을 거야…'

눈에 보이지도 않는데 어떻게 이런 생각을 했을까요? 이에 대해 이스라엘의 역사학자 유발 하라리(Yuval Noah Harari)는 중요한 통찰을 안겨줍니다. 유발 하라리는 《사피엔스》라는 책에서 인간이 이 지구에서 가장 번성할 수 있었던 이유는 눈에 보이지 않는 것을 믿을 수 있는 능력 때문이라고 주장했죠. 대표적으로 종교를 생각해 볼 수 있습니다. 신은 눈에 보이지 않습니다. 하지만 많은 사람이 신의 존재를 굳게 믿고 있죠. 이게 별다른 능력으로 보이지 않는다고요? 그럼 다른 예로 생각해봅시다. 개별적으로 다른 동물의 공격을 방어하기에는 신체조건이 미약한 인간이 오늘날 지구상에서 가장 번성할 수 있었던 이유는 대규모의 집단 협력체제를 만들 수 있었기 때문입니다. 물론 수십 마리 단위의 협력은 다른 동물도 가능합니다. 하지만 인간은 수십을 넘어 수백만, 수천만 단위의 공동체를 형성할 수 있습니다. 이것이 가능한 이유도 바로 보이지 않는 것을 상상하고 믿는 능력 때문이죠.

호모 사피엔스는 어떻게 해서 이 결정적 임계치를 넘어 마침내 수십만 명이 거주하는 도시, 수억 명을 지배하는 제국을 건설할 수 있었을까? 그 비결은 아마도 허구의 등장에 있었을 것이다. 서로 모르는 수많은 사람이 공통의 신화를 믿으며 성공적 협력이 가능하다. 인간의 대규모 협력은 모두가 공통의 신화에 뿌리를 두고 있는데 그 신화는 사람들의 집단적 상상 속에서만 존재한다. 현대 국가, 중세 교회, 고대 도시, 원시 부족 모두 그렇다. 교회는 고통의 종교적 신화에 뿌리를 두고 있다. 서로 만난 일 없는 가톨릭 신자 두 명은 함께 십자군 전쟁에 참여하거나 병원을 설립하기 위한 기금을 함께 모을 수 있다. 둘 다 신이 인간의 몸으로 태어나 우리의 죄를 사하기 위해 스스로 십자가에 못 박히셨다고 믿기 때문이다.[2]

인간이 대규모의 공동체를 형성할 수 있었던 것은 공통의 가치와 믿음이 존재했기 때문입니다. 예를 들어 중세시대 십자군 전쟁에 목숨을 걸고 출전했던 군사들은 '신'에 대한 믿음이 있었습니다. 독립운동을 했던 사람들에게는 '조국'이라는 믿음이 있었습니다. 학문을 위해 일생을 바쳤던 학자들에게는 '진리'에 대한 믿음이 있었죠. 신, 조국, 진리 등을 눈으로 볼 수 있나요? 아닙니다. 그것은 인간의 상상이 만들어낸 산물입니다. 하지만 인간은 눈에 보이지 않는 것을 위해 협력할 뿐만 아니라, 기꺼이 목숨을 바치기도 합니다.

....
2. 유발 하라리, 《사피엔스》(조현욱 옮김), 김영사, 2015, 53쪽

이상에 대한 믿음이 세상을 변화시키다

누군가에게는 눈에 보이지도 않는 것을 위해 목숨까지 건다는 것이 어리석어 보일 수도 있습니다. 하지만 눈에 보이지 않는다고 해서 존재하지 않는 것은 아니며, 의미가 없는 것은 더더욱 아닙니다. 만약 인간이 눈에 보이지 않는 것에 대해 사유하지 않았다면 바이러스 또한 발견되지 않았을 것입니다. 보이지는 않지만, 반드시 존재할 것이라는 믿음 때문에 수많은 연구와 실험이 이어질 수 있었고, 보이지 않는 것을 어떻게든 보기 위해 현미경이 개발된 것입니다. 이 모든 노력이 없었다면 오늘날에도 바이러스는 미지의 두려움으로만 남아 있을 것입니다.

생각해보면, 삶을 성장시키고 세상을 변화시켜온 것은 대부분 보이지 않는 다양한 종류의 이상(理想)에 대한 믿음 때문이었습니다. 예컨대 '인권'이라는 가치를 위해 흑인해방운동, 여성운동 등이 일어났고, '민주주의'라는 가치를 수호하기 위해 수많은 투쟁이 벌어졌습니다. 그리고 이러한 운동과 투쟁으로 인해 흑인과 여성에 대한 차별은 과거보다 크게 줄어들었고, 민주주의는 보편적인 가치로 인정받게 되었습니다.

또한 사람들은 현실의 어려움과 한계를 극복하기 위해 이상사회라는 것을 꿈꿔왔습니다. 흔히 유토피아(Utopia)라고 하죠. 유토피아는 현실에 존재하지 않는다는 뜻이 담겨 있습니다. 토머스 모어(Thomas More, 1478~1535)는 최초로 《유토피아》라는 책을 통해 자신이 생각하는 이상적인 국가를 묘사한 바 있습니다. 그의 책에 등장하는 유토피아에서는 계급제가 없으며, 모두 공평하게 노동합니다. 강력한 신분사회였던 15~16세기에는 감히 상상하기 어려운 엄청난 발상이었죠. 놀고먹는 사람 없이 모두가 일을 하기 때문에 하루에 6시간 정도만 일해도 모두가 부족함 없이 쓸 만큼의 생필품을 생산할 수 있다고 주장한 토머스 모어의 생각을 시작으로 수많은 사람이 이상사회에 대해 글을 썼습니다. 이러한 이상사회의 꿈은 노동시간의 단축, 복지의 증대 등과 같은 현실의 변화를 이끌어가는 원동력으로 작동하기도 했죠.

이렇듯 우리 인간은 '돈', '점수', '외모' 등 항상 눈에 보이는 것들을 위해 사는 것 같지만, 정작 그 삶을 움직이는 원동력은 눈에 보이지 않는 것들임을 깨달을 필요가 있습니다. 이를 위해 우선은 눈에 보이지 않는 것, 추상적인 것에 대해 사유하는 힘을 길러야 합니다. '멋있다', '예쁘다', '맛있다', '즐겁다', '아프다' 등과 같은 감각을 넘어서 사유해야 합니다. 즉 다음과 같은 질문들을 스스로 제기해 보아야 할 것입니다.

- 어떤 대상을 아름답게 만드는 것은 무엇일까?
- 맛있다고 느끼는 감각은 어디에서 오는 것일까?
- 몸이 아픈 것과 마음이 아픈 것은 같은 것일까?
- 즐거운 일만 하고 살 수 있을까?

바이러스는
우리의 적인가?

코로나19 유행이 좀처럼 사그라지지 않은 채 장기화되면서 거의 매일 집안에만 콕 들어박힌 채 생활해야 하는 답답하고 지루한 일상이 너무 오래 지속되고 있습니다. 이러한 좋지 않은 기억 때문에 바이러스에 대한 미움과 편견만 계속 쌓여가는 것 같습니다. 여러분은 바이러스라는 말을 들으면 어떤 느낌이 드나요? 여러 가지 느낌을 가질 수 있지만, 호감을 느끼는 사람은 없겠죠? 아마도 '더럽고', '무서운' 병원체라는 생각이 가장 먼저 떠오를 것입니다.

소설이나 영화, 드라마 등에서도 바이러스는 대체로 인간에게 뭔가 치명적인 질병을 일으켜 공포를 유발하는 소재로 자주 사용됩니다. 눈으로 볼 수 없는 어떤 생물체가 인간을 위협한다는 설정 자체가 크나큰 두려움을 안겨주니까요.

이름의 유래부터 무시무시한 바이러스, 하지만…

실제로 바이러스라는 명칭은 라틴어 'virus'를 그대로 따온 말인데, 독성을 의미합니다. 병을 유발한다고 해서 병원체로 불리기도 하죠. 게다가 코로나19 사태를 겪으면서 우리는 바이러스에 대해 한층 더 강한 경계심을 갖게 되었습니다.

그럼 바이러스는 우리의 적(敵)일까요? 그저 생존을 위해 몸부림치는 바이러스의 입장에서 생각해보면 좀 억울한 감이 없지 않습니다. 그리고 인간은 생각보다 바이러스에 대해 아는 것이 별로 없습니다. 지구상에 바이러스가 어느 정도나 존재하는지조차 모르고 있죠. 사실 바이러스 중에는 인간에게 무해한 종류도 많습니다. 1mL의 바닷물 속에도 무려 수십 억이 넘는 바이러스가 존재할 수 있다고 합니다. 인간이 광대한 우주에서 겨우 티끌만 한 부분밖에 보지 못하는 것처럼 바이러스에 대해서도 마찬가지인 셈이죠. 단지 인간에게 피해를 주거나 눈에 띄는 몇몇 바이러스의 존재만 알고 있을 뿐입니다. 코로나19처럼 말이죠. 심지어 알려진 바이러스조차도 명확하게 그 정체를 파악하지 못한 경우도 많습니다.

단지 우리가 알고 있는 사실만으로 모든 바이러스는 병원체이고, 인간에게 질병을 유발하는 무서운 존재라고 단정하면 좀 억울하지 않을까요? 많은 바이러스는 오늘도 인간의 삶과 관계없이 자신들의 삶을 꿋꿋이 이어가고 있습니다. 이는 인간이 지구상의 바이러스를 다 알지 못하는 이유이기도 하죠. 우리의 삶에 영향을 주지 않는데 굳이 보이지도 않는 바이러스를 찾아낼 필요가 없기 때문입니다. 심지어 인간에게 유익한 영향을 미치는 바이러스도 있습니다. 2014년 《네이처(Nature)》에 실린 논문에 의하면, 연구 결과 바이러스가 포유류의 장 속에서 면역기능을 높여주는 유익한 기능을 할 수 있다고 합니다. 또한 바이러스 일부는 숙주의 진화 과정에 실질적인 도움을 주기도 했습니다. 대표적인 예로 인간 DNA의 약 8%는 레트로바이러스(retrovirus)[3]에서 기원한 것으로 추정된다고 합니다. 과거 우리 몸을 침범했던 바이러스가 그대로 남아 오히려 우리의 진화 과정에 도움을 준 것입니다.

바이러스의 생존은 자연의 법칙, 과학적으로 이해하자

다시 앞서 했던 질문으로 돌아가 보겠습니다. 바이러스는 우리의 적일까요? 길을 걷다가 돌부리에 발이 걸려 넘어졌다고 생각해봅시다. 아파서 짜증이 날지언정, 그 돌을 우리의 적이라고 할 수 있을까요? 아마 누구도 그렇게 생각하지 않을 겁니다. 왜냐하면 돌에게 우리를 다치게 하려는 의도성이 없기 때문이죠. 바이러스도 마찬가지입니다. 바이러스가 우리에게 질병을 유발하는 것도, 반대로 도움을 주는 것도 딱히 어떤 의도를 가지고 한 행위가 아닙니다. 그

----

3. 레트로바이러스는 자신의 RNA를 DNA로 역전사시킨 후에 이 DNA를 숙주세포 염색체에 삽입시켜서 번식하는 특징이 있다.

저 자신들의 본능에 따라 살아남으려 애쓰는 과정에서 아주 우연히 부수적인 영향을 미친 것뿐입니다.

이것은 우리에게 꽤 중요한 교훈을 안겨줍니다. 누군가가 나에게 나쁜 결과를 초래했다고 해서, 무조건 그 대상을 비난하거나 복수를 다짐하는 것은 신중해야 한다는 것이죠. 왜냐하면 그런다고 변하는 것은 없기 때문입니다. 잘 생각해보세요. 바이러스가 나에게 질병을 유발했다고 해서 바이러스를 아무리 욕한들 그게 무슨 의미가 있을까요? 오히려 우리의 무지함을 성찰해야 합니다. 우리가 바이러스의 생태계를 잘 몰랐기 때문에 벌어진 일이라고 보는 것이 더 합리적이니까요. 오직 결과만을 가지고 판단해서는 안 됩니다. 이것이 곧 과학적 사고이며, 다른 생물과 차별화된 우리 인간의 가치입니다.

과학적 사고는 비단 시험에서 과학 문제를 풀 때만 필요한 것이 아닙니다. 이 세상을 움직이는 법칙과 논리에 관심을 가지는 것입니다. 나에게 피해를 주는 것이 자연의 법칙상 당연하다면 인정해야 합니다. 이에 대해 굳이 감정을 소모할 필요가 없다는 뜻이죠. 고대 그리스의 스토아학파는 이 세상에는 일정한 법칙이 존재한다고 생각했습니다. 그래서 그 법칙을 이해하고 순응하는 것이야말로 불행을 최소화할 수 있는 길이라고 생각했죠. 스토아학파였던 철학자 에픽테토스(Epictetos)는 다음과 같이 말했습니다.

질병, 죽음, 빈곤 등과 같이 누구도 피할 수 없는 자연의 순리를 피하고자 한다면 그런 일을 당하고 비통함을 느낄 수밖에 없다. 그러니 자연의 순리상 당연한 일도 아니고, 내 힘으로 어떻게 할 수 있는 것도 아닌 일을 당하지 말았으며 하는 바람으로 전부 지워버리고, 그 대신 내 힘으로 어떻게 할 수 있는 일들을 피하고자 하는 바람을 마음을 돌려라.[4]

물론 모든 현상을 수동적으로 받아들이기만 하라는 뜻은 아닙니다. 당연히 피해를 최소화하거나 긍정적인 방향으로 바꿀 방안을 적극적으로 찾아야 합니다. 이를 위해서 우리는 무엇을 해야 할까요? 지피지기면 백전백승이라는 말 들어보았죠? 상대를 잘 알아야 하고, 자연을 알아야 합니다. 그래서 스토아학파는 이성과 탐구를 매우 강조했습니다. 바이러스로 인한 피해를 최소화하기 위해 우리는 바이러스에 대한 원망이 아니라 바이러스가 무엇인지, 왜 감염을 일으키는지에 대해 과학적인 사유를 해야 할 때입니다.

4. 에픽테토스, 《에픽테토스의 인생을 바라보는 지혜》(키와블란츠 옮김), 소울메이트, 2015, 23-24쪽

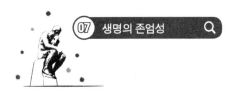

인간과 바이러스가
생명을 대하는 같은 듯 다른 자세

우리는 어릴 때부터 생명은 그 자체로 존엄하다고 배워 왔습니다. 존엄하다는 것은 매우 가치 있고, 또 존중받아야 한다는 뜻입니다. 이때 생명은 특정 인물이나 개체의 생명을 넘어 생명 그 자체를 의미합니다. 즉 생명을 지닌 모든 생물은 존중받아 마땅하다는 것입니다. 그런데 이러한 생각을 실천으로 옮기는 것은 꽤 힘들 수 있습니다. 왜냐하면 모든 생명이 똑같은 가치를 가진다고 생각하면 당장 먹거리 문제부터 제동이 걸리니까요. 예컨대 다음과 같이 육식에 대한 딜레마에 빠지게 됩니다.

· 나의 건강을 위해 육식을 하는 것은 윤리적인가?

· 육식은 생존에 필수적인가?

· 육식은 자연의 순리인가?

바이러스에게 생명은 수단

모든 생명을 그 자체로 존중해야 한다면 위와 같은 질문에 어떻게 답해야 할까요? 참 어려운 문제죠? 하지만 여기서 육식 논쟁을 하자는 것은 아닙니다. 이 이야기의 본질도 아니고요. 다만 이러한 딜레마에도 불구하고 생명체가 존중받아야 한다는 기본적인 생각에 대해 크게 반대하는 사람은 아마도 없으리라고 생각됩니다. 아무 이유 없이 길거리의 동물에게 위해를 가하는 것은 분명 비난받을 일입니다. 더욱이 인간을 해치는 것은 말할 것도 없죠.

그런데 모든 생명이 존중받아야 한다는 생각은 대체 어디에서 온 것일까요? 이에 대해서는 다양한 대답을 생각해볼 수 있습니다. 모두 다 신의 피조물이기 때문에 존중받아야 한다고 생각할 수 있고, 모든 생명은 그 자체로 고유한 가치를 지니고 있기 때문이라고 생각할 수도 있습니다. 하지만 바이러스의 존재는 이런 사고방식에 대해 심각한 의문을 던지게 만듭니다. 생명이라는 그 자체만으로 존중받아야 할 가치가 있다는 생각은 생명이 무생물과 정확하게 구분될 수 있다는 것을 전제로 합니다. 그런데 앞에서 살펴보았듯이 생물과 무생물은 정확하게 구분되기보다는 연속성의 관점에서 보는 편이 더 적절합니다. 그리고 문제의 바이러스는 생물과 무생물의 중간적 지점, 그 어딘가에 있다는 것이고요. 모든 생명이 존중받아야 한다면 바이러스도 해당되는 걸까요? 그리고 모든 생명의 근원은 원소로 이루어져 있는데, 그렇다면 원소, 즉 무생물도 존중받아야 한다는 뜻일까요?

너무 억지 같나요? 그렇게 생각할 수도 있습니다. 하지만 중요한 점 하나는 짚고 넘어갔으면 합니다. 앞서 우리가 생명은 그 자체로 존중받아 마땅하다고 배운 점을 이야기했죠? 하지만 생명의 존엄성이라는 가치는 생명 그 자체에서 나온 것이 아닙니다. 바이러스에게 생명은 그 자체로 존중받을 가치가 있는 것이 아닙니다. 왜냐하면 바이러스에게 타인의 생명은 곧 자신들의 존재를 이어나가기 위한 수단이자 도구에 가깝습니다. 바이러스에게는 생명 그 자체가 중요한 것이 아니라 자신의 존재를 계속 이어나갈 수 있게 해준다는 측면에서 가치가 있는 거죠.

인간에게 생명은 어떤 의미일까?

지구상에서 가장 뛰어난 존재라고 자부하는 우리 인간은 바이러스와 좀 다를까요? 인간은 후대에 자신의 자손을 이어가는 것도 중요하지만, 현재 자신의 생명도 중요합니다. 일단 자신의 생명을 보존해야 자손도 남길 수 있죠. 솔직히 말하면 먼저 자신의 생명을 보존하는 것이 우선입니다.

그런데 과거 인류의 역사를 돌이켜보면, 인간의 생명은 꽤 하찮고, 가볍게 취급되는 경우가 많았습니다. 예컨대 신에게 제물로 바쳐지기도 했고, 자신의 의사와 무관하게 권력자 같은 다른 사람의 무덤에 산 채로 묻히는 '순장'이라는 풍습도 아무렇지 않게 행해졌죠. 또 전쟁이나 학살을 통해 수많은 사람이 목숨을 잃은 사례도 많습니다. 근대 이후 생명의 존엄성을 강조하는 사상이 등장하면서, 인간의 생명을 경시하는 각종 관습이나 풍습은 점차 자취를 감추었습니다. 여전히 그런 전통이 남아 있는 나라에 대해서는 국제 사회가 입을 모아 강력하게 비난하기도 합니다. 예를 들어 일부 국가에서 존재했던 명예살인과 같은 관습에 대해서는 국제적으로 많은 비난 여론이 쏟아지죠. 이 때문에 최근에는 명예살인에 관련된 관습이 많이 줄어들고 있습니다.

이렇게 볼 때 생명의 존엄성이라는 생각은 우리 인간이 자신의 존재를 유지해 나가기 위한 수단으로 만들어낸 유용한 무기라고 할 수 있습니다. 다시 말해 생명의 존엄성이라는 가치가 본래부터 있었기 때문이 아니라 인간의 역사와 경험 속에서 필요에 의해 만들어진 것입니다.

바이러스는 다른 생물의 몸을 토대로 생존할 수 있는 최선의 형태로 진화되어왔습니다. 그런데 '생존'과 '진화'의 측면에서 보자면 인간도 마찬가지입니다. 단지 인간은 다른 생물의 몸이 아니라 도덕, 윤리, 규범, 가치 등의 가치들을 창조하고 진화시켜가면서 자신의 생존과 행복을 보장받을 수 있는 길을 모색해왔던 것입니다. 그리고 그러한 가치들을 끊임없이 모색하는 과정은 지금도 여전히 진행 중입니다.

미션,
어떤 변화 속에서도 살아남아라!

앞서 바이러스는 빠르게 진화를 거듭한다고 이야기했습니다. 그만큼 변신의 귀재입니다. 또한 바이러스는 몸이 없이 유전물질로만 이루어져 있으며, 이 유전물질에는 DNA와 RNA가 있다고 했습니다.

돌연변이는 왜 생겨날까?

다음 그림에서 보듯이(172쪽 참조), DNA는 이중나선으로 되어 있고 RNA는 하나의 나선으로 되어 있습니다. 무슨 차이가 있을까요? 쉽게 말하면, 이중나선은 좀 더 안정적이고 하나의 나선은 불완전합니다. 한 개보다는 두 개가 더 안정적이라는 것이죠. 안정적이라는

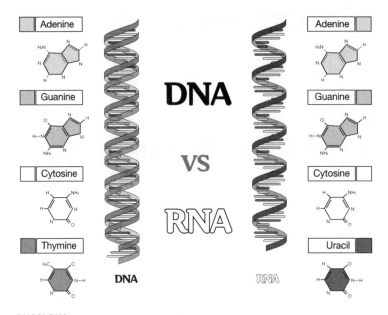

DNA와 RNA

DNA는 이중나선의 구조를 RNA는 하나의 나선 구조로 이루어져 있기 때문에 DNA가 구조적으로 한층 안정적인 것이다.

것이 무슨 말이냐고요? 유전적으로 돌연변이가 태어날 확률이 낮다는 뜻입니다. 다윈에 의하면 인류의 진화는 돌연변이를 통해 이루어졌습니다. 대부분의 돌연변이는 열성이기 때문에 도태되어 살아남기 어렵습니다. 하지만 우연히 태어난 돌연변이가 새로운 환경에 훨씬 더 잘 적응한다면 그 개체는 살아남아 자신의 유전형질을 계속 이어가게 됩니다. 1부에서 이것이 자연선택이며, 진화의 과정이라고 했죠. 진화의 관점에서 보면 DNA보다 RNA 바이러스가 훨씬 유리하다는 것을 알 수 있습니다.

상황을 준비하며 의도된 변화 VS 상황에 맞춘 다양한 변이

앞에서 제가 우연이라는 말을 했죠? 맞습니다. 돌연변이가 태어나는 것은 어디까지나 우연입니다. 인간 사회에서 돌연변이는 주로 부정적인 의미로 많이 쓰입니다. 돌연변이가 태어나는 것은 불행한 일로 취급되죠. 왜냐하면 인간 사회는 비교적 안정되어 있고, 또 안정을 추구하려는 성향이 있기 때문입니다. 인간은 자연의 변화에 대비하여 과학기술, 법, 규범, 도덕, 정책, 제도 등을 통해 안정적인 사회를 유지하고자 노력해왔습니다. 이러한 사회에서 소수의 돌연변이는 당연히 사회 적응에 여러모로 어려움을 겪을 수밖에 없습니다. 순간순간 이방인 취급을 받을 테니까요.

사회는 끊임없이 변화하고, 사회의 변화에 따라 인간도 변화를 추구해야 합니다. 하지만 우리 인간 사회의 변화는 예측 가능한 범위 내에서 충분한 시간을 가지고 숙고를 통해 이루어집니다. 예를 들어 4차 산업혁명의 변화에 대비하여 우리는 좀 더 유연한 사고를 배우고, 다양한 과학기술에 대한 지식을 쌓아나가고 있죠. 즉 다분히 의도적인 변화와 혁신을 이야기하는 것입니다. 평범한 사람들 눈에는 마치 순식간에 일어난 변화처럼 보여도, 누군가가 오랜 시간 치밀하게 준비해온 결과로 일어난 변화라는 뜻입니다.

하지만 바이러스는 다릅니다. 바이러스가 살아가는 미시 세계, 즉 아주 작은 것들의 세계는 일단 변화의 속도도 인간 사회와 비교할 수 없을 만큼 훨씬 빠릅니다. 또한 변화의 양상도 훨씬 더 예측하기 힘들죠. 변화를 일일이 예측하여 의도적으로 변화에 대비할 수도 없습니다. 그래서 바이러스가 택한 전략은 다양화입니다. 세상이 예측 가능하다면 우리는 안정적으로 개체를 유지하고 그에 따라 대비하는 것이 더 유리합니다. 하지만 도무지 예측할 수 없고, 어떻게 변화할지 모르겠다면, 차라리 상황에 맞게 다양한 변이를 하는 것이 생존에 훨씬 더 유리합니다. 어쨌든 다양한 개체가 존재한다면, 환경에 적응할 수 있는 개체가 존재할 확률도 높아지기 때문이죠. 거듭 말하지만, 바이러스의 최종적인 목표는 개체의 생존이 아니라 종의 지속이니까요.

아무리 철저히 대비해도 늘 발생하는 우연한 결과

세상의 변화를 예측하기 힘든 이유는 우연성의 세계이기 때문입니다. 이 세상 어느 누구도 완벽한 예측은 할 수 없습니다. 이 세계는 신의 의도대로 계획되지도 않았으며, 어떤 체계적인 규칙이나 법칙에 따라 움직이지도 않습니다. 거시 세계와 미시 세계에 대해 이야기한 과학자 하이젠베르크(Werner Karl Heisenberg, 1901~1976)는 불확정성 원리로 유명합니다. 그는 미시 세계에서 전자의 위치를 직접 알아낼 수는 없으며 빛이나 다른 입자를 통해 알아내야만 하는데, 전자가 다른 입자와 충돌하는 순간, 위치와 운동량이 변화된다고 했습니다. 쉽게 말해 우리가 전자의 위치를 관찰하는 순간 이미

전자의 위치는 바뀐다는 거죠. 결국, 우리는 전자의 본디 위치는 정확히 알 수 없습니다. 단지 추측만 할 뿐이죠. 이것을 바로 '불확정성의 원리'라고 표현한 것입니다. 이처럼 자연 현상을 움직이는 고정된 법칙은 존재하지 않으며 근원적으로 불확정적입니다. 만약 이 세상을 이렇게 본다면 무엇이 중요해질까요?

에피쿠로스라는 고대 철학자 역시 이 세상을 우연성의 세계라고 생각했습니다. 이 세상의 모든 물질과 생물은 원자의 결합으로 이루어지는데, 이 결합에는 어떤 원리가 있는 것이 아니라 우연히 이루어진다는 거죠. 이에 따르면 내가 인간으로 태어난 것도 일종의 우연이라는 겁니다. 특별한 의미가 있는 것이 아니라는 얘기죠. 그럼 어떻게 살아야 할까요? 에피쿠로스는 쾌락을 이야기합니다. 특별한 의미가 없기 때문에 삶에서 가장 중요한 것은 현재의 쾌락일 수밖에 없다는 것입니다. 물론 에피쿠로스가 말한 쾌락은 우리가 흔히 생각하는 그런 쾌락은 아닙니다. 감각적인 쾌락은 결국 고통으로 이어질 확률이 높기 때문에 고상한 쾌락을 이야기합니다.

✚ 쾌락의 역설

육체적이고 감각적인 쾌락을 추구하면 할수록 고통과 불행도 커진다. 예를 들어 맛있는 음식이 있다고 해서 과식을 하면 결국 소화불량에 걸쳐 고통을 초래한다. 그래서 일부 쾌락주의자들은 감각적 쾌락을 넘어 정신적인 쾌락을 추구해야 한다고 주장한다.

하지만 분명한 것은 우연성의 세계에서 인간이 할 수 있는 것은 별로 없다는 점입니다. 예측할 수 없으니 당연히 뭔가 준비를 하기도 어렵습니다. 그냥 변화에 순응하고 그 속에서 불편하면 불편한 대로, 나름의 만족지점을 찾아갈 수밖에 없습니다.

하지만 바이러스는 그렇게 하지 않습니다. 안주하는 대신에 적극적으로 변이를 거듭합니다. 어쨌든 최선의 상태를 유지하기 위해 끊임없이 스스로 노력하는 것입니다. 참으로 대단하지 않습니까?

앞에서 인간 사회는 바이러스의 세계에 비해 비교적 안정적이라고 한 바 있습니다. 하지만 앞으로 인공지능 기반의 4차 산업혁명의 시대에는 한층 더 복잡한 네트워크로 연결되는 세상이 도래하며, 이와 함께 불확실성 또한 훨씬 더 커지게 될 것이라고 합니다. 안정된 사회에서 손가락질 받던 남과 다른 돌연변이가 필요한 세상이 오고 있는 것입니다. 여기서 말하는 돌연변이란 다양한 변화에 유연하게 대처하고, 살아남기 위해 빠르게 스스로 발전하고 혁신해 나갈 수 있는 존재를 말합니다. 어쩌면 바이러스처럼 말이죠. 자, 여러분들은 이런 세상을 앞두고 어떤 준비를 하고 있나요? 기꺼이 변화할 건가요? 아니면 그저 변화의 물결에 몸을 맡긴 채 순응할 건가요? 선택은 여러분 각자의 몫입니다.

바이러스
철학을 만나다

세상 모든 이타성의
밑바닥에 존재하는 것은?

이기주의는 흔히 자신의 이익만을 생각한다는 의미로 쓰입니다. 주로 부정적인 의미로 사용하는 경우가 많죠. 이 말을 듣고 기분 좋은 사람은 아마 없을 테니까요.

"넌 너무 이기적이야!"

바이러스, 종의 번식을 위해 아낌없이 몸을 던지다!

이기적이라는 것이 정말 그렇게 나쁜 걸까요? 어떤 학자들은 이기적이라는 것이 모든 생물의 본성이라고 말합니다. 우리가 이 책에서 이야기하는 바이러스는 어떨까요? 자기 생존을 위해 다른 생물의 허락도 받지 않고 기생하는 측면에서 본다면 확실히 이기적이라고 할 수 있습니다. 더욱이 자신의 생존을 위해 다른 생물의 생존까지 위협하기도 합니다. 물론 바이러스에게 숙주의 생명을 빼앗고자 하는 의도는 없을 겁니다. 숙주가 있어야 생존할 수 있는 만큼, 이왕이면 공존하는 것이 가장 좋겠죠. 앞서 이야기했던 박쥐처럼 말입니다. 하지만 바이러스와 박쥐의 공존 역시 결과론일 뿐, 애초에 바이러스가 다 같이 잘 살고자 하는 선한 의도를 가지고 만들어낸 결과는 아닙니다. 바이러스는 오직 자신의 생존과 번식에만 관심을 가집니다. 다만 그런 관심이 때론 누군가에게는 이익이 되기도 하고, 반대로 피해를 주기도 할 뿐이죠.

그런데 이상한 점이 있습니다. 바이러스가 새로운 숙주로 넘어가는 과정을 살펴봅시다. 새로운 숙주는 바이러스에게는 생존 가능성을 열어줄 새로운 세계인 한편, 치명적인 위협의 대상이기도 합니다. 새로운 세계에 적응하지 못하면 그대로 죽을 수도 있기 때문입니다. 따라서 바이러스에게 새로운 숙주는 꽤 위험한 모험이자 도전입니다. 그런데 만약 바이러스가 개별적인 생존만을 생각한다면, 그런 무모한 도전은 하지 않을 겁니다. 그런데 바이러스는 너도나도 할 것이 없이 이러한 도전을 위해 목숨을 던집니다. 왜일까요? 그건 단순합니다. 지금 다른 숙주로 건너가지 않으면 자신의 유전자 정보를 더 널리 퍼뜨릴 수 없기 때문이죠. 바이러스는 현재 자신이 죽더라도 스스로가 지닌 유전자 정보를 퍼뜨리는 데 모든 에너지를 쏟습니다. 이렇게 볼 때, 바이러스의 이기주의는 자신만을 위한 이익이 아니라 유전자의 생존입니다. 그리고 이 유전자의 생존은 결국 종의 번식으로 이어지게 됩니다.

인간은 어떨까요? 많은 사람이 자신의 이익을 위해 행동하기도 하지만, 항상 그렇지는 않습니다. 때로는 자신의 가족과 국가를 위해 기꺼이 희생하기도 합니다. 그리고 자연과 환경 보호를 위해 평생을 바치는 사람도 있습니다. 이런 면을 보면 인간은 다른 동물과 다르게 이타적인 면이 더 많다고 생각할 수도 있습니다.

그런데 인간은 다른 존재와 달리 숭고한 뭔가가 있다는 자부심을 깨뜨리는 발칙한 주장이 나옵니다. 도킨스(Clinton Richard Dawkins)라는 학자는 자신의 《이기적 유전자》라는 책에서 인간 역시 유전자를 전달하기 위한 기계에 불과하다고 말했죠. 그의 주장에 따르면 모든 인간은 유전자의 이익을 위해 살아갈 뿐입니다. 이해되나요? 꽤 많은 사람들이 자식을 위한 희생을 당연하게 여기는 경향이 있습니다. 생각해보면 이상한 현상입니다. 아무리 자신의 자식이지만, 엄연히 다른 개체이니까요. 그런데도 자식을 평생 보살피고 심지어 목숨까지 희생하는 것을 별로 이상하게 생각하지 않습니다. 도킨스는 이를 자신의 유전자를 후대에 전하기 위한 당연한 노력일 뿐이라고 말합니다. 책에서 도킨스는 다음과 같이 이야기합니다.

유전자들은 자기 복제자이고 우리는 그들의 생존 기계이다. 우리의 임무를 다하면 우리는 폐기된다. 그러나 유전자는 지질학적 시간을 살아가는 존재이며, 영원하다.[5]

이렇게 본다면, 인간 역시 바이러스와 크게 다를 바 없는 것 같습니다. 결국 자신의 유전자를 후대에 전달하기 위한 목적을 가지고 인생을 살아가는 셈이니까요. 하지만 이러한 주장을 곧이곧대로 받아들일 사람은 별로 없을 것입니다. 맞습니다. 이는 다만 인간의 본성을 과학적 측면에서 분석한 결과일 뿐입니다. 알다시피 인간은 얼마든지 본성을 넘어설 수 있는 존재입니다. 예컨대 자식을 낳지 않고, 오직 자신의 기쁨이나 행복, 보람을 추구하며 살아가는 사람들도 많으니까요.

인간, 유전자를 넘어 문화를 복제하다

도킨스 역시 인간을 오직 생물학적 유전자의 이익만을 위해 살아가는 존재로 본 것은 아닙니다. 인간은 예술을 창조하고, 학문에 몰두하며 윤리적이고 문화적인 생활을 추구합니다. 인간이 추구하는 이 모든 것들이 과연 유전자의 자기복제에 도움을 줄까요? 바이러스의 입장에서 보면 참으로 쓸데없는 일들입니다. 하지만 인간은 이러한 일을 위해 기꺼이 평생을 바칩니다. 이를 두고 도킨스는 밈(Meme)이라는 다소 생소한 용어를 사용합니다. 어렵게 생각할 필요는 없습니다. 쉽게 말해 밈은 '문화 복제자'라고 생각하면 됩니다.

....
5. 리처드 도킨스, 《이기적 유전자》(홍영남·이상임 옮김), 을유문화사, 2018, 100쪽

즉 인간은 생물학적인 유전자 복제자뿐만 아니라 문화 복제자도 가지고 있는 거죠. 생물학적인 유전자가 자신의 번식, 확산을 위해 노력하는 것처럼 밈은 문화의 자기복제 및 확산을 위해 노력합니다. 우리가 이전의 세대로부터 교육을 통해 윤리, 예술, 학문, 정치 등 다양한 문화를 배우고 누리려는 것은 우리 안에 '밈'을 가지고 있기 때문이라는 거죠.

인간이 바이러스처럼 유전자의 명령에 오롯이 복종할 것인지, 아니면 문화적이고 윤리적인 삶을 추구할 것이지는 결국 자신의 선택에 달려 있다는 것이 도킨스의 중요한 주장입니다. 지금 이 순간 이 글을 열심히 읽고 있는 여러분들도 아마 생물학적 유전자가 아니라 밈의 명령을 선택한 것이라고 할 수 있겠네요.

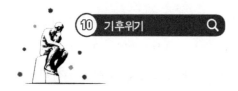

어쩌면 우리가 자초한
바이러스의 습격

사스(SARS), 메르스(MERS)에 이어 코로나19까지 최근 들어 신종 바이러스가 잊을 만하면 느닷없이 우리를 찾아오고 있습니다. 심지어 코로나19까지 21세기에만 벌써 두 번째 팬데믹이 선언되며 우리의 일상생활을 근본부터 뒤흔들었죠. 그런데 전문가들은 앞으로 이와 같은 신종 바이러스가 더 자주 등장하게 될 것이라며 엄중히 경고하고 있습니다.

바이러스, 어떻게 인간 세상에 발을 들였나?

바이러스는 자력으로 우리에게 찾아온 것이 아닙니다. 혼자서는 움직일 수 없기 때문이죠. 스스로 움직이기는커녕 공기 중에서는 하루 이상 살아남기도 어렵습니다. 이미 살펴본 것처럼 바이러스는 숙주 안에서 살아가는 존재이니까요. 그런데 이런 바이러스가 어떻게 인간 세상에 오게 되었을까요? 사실 바이러스는 다양한 숙주 안에서 살아가고 있습니다. 물론 인간도 포함해서 말이죠. 그런데 우리에게 문제를 일으키는 것은 대부분 동물에 있던 바이러스가 인간으로 넘어오는 경우입니다. 이를 인수공통감염병이라고 합니다.

이것이 문제가 되는 이유는 간단합니다. 바이러스가 기존 숙주와는 다른 종인 낯선 인간의 몸에 제대로 적응을 하지 못하기 때문입니다. 그래서 숙주를 아프게 하거나 심지어 죽이기까지 하는 거죠. 그럼 그냥 익숙한 동물의 몸에서 편하게 살 일이지, 왜 굳이 적응하기도 힘든 낯선 인간에게 넘어오는 걸까요? 바이러스의 입장에서 보면 목숨을 건 위험한 도박인데 말이죠.

가장 큰 이유는 자신들이 살아온 자연숙주들이 자꾸만 인간 사회로 넘어오고 있기 때문입니다. 서식지가 파괴됨으로써 살아남기 위해 어쩔 수 없는 선택이었을 겁니다. 여러분들은 아마존의 열대우림에 지구 생물 종의 1/3이 살고 있다는 것을 알고 있나요? 그래서 흔히 아마존을 '지구의 허파'라고 부릅니다. 그런데 한 기사에 의하면, 한 달에 축구장 7,000개 정도의 열대우림이 파괴되고 있다고 합니다. 상상되시나요? 당연히 생존을 위협받은 야생동물은 자신의 서식지를 버리고 인간 사회로 넘어올 수밖에 없습니다.

이렇게 인간 사회로 넘어온 야생동물로 인해 바이러스는 우연히 새로운 숙주를 찾아갈 기회를 얻게 되는 거죠. 대표적인 예로 말레

니파바이러스

니파바이러스는 본래 인도네이사 밀림에 살던 과일박쥐의 몸속에서 살다가, 화전농지 개간 때문에 살 곳을 잃은 박쥐들이 말레이반도 마을 근처로 서식지를 옮겨가면서 마을주민들이 키우던 돼지를 거쳐 마침내 인간의 몸속에 들어오게 되었다. 변이를 거쳐 인간에게 감염된 니파바이러스의 치사율은 50%에 이른다.

이시아에서 나타난 '니파바이러스'를 들 수 있습니다. 니파바이러스는 원래 과일박쥐를 숙주로 삼아 살아왔습니다. 인도네시아의 깊은 밀림 속에서 나름 잘살고 있었던 녀석이었죠. 그런데 인간이 녀석들의 삶의 터전을 침범한 것입니다. 인도네시아 밀림에서 화전[6]민들이 팜유 농장을 개간하기 위해 밀림을 제거하려고 산불을 놓는 경우가 많았는데, 엄청난 규모의 산불이라고 합니다. 이 엄청난 산불로 과일박쥐는 졸지에 살 곳을 잃게 되었고, 어쩔 수 없이 말레이반도로 이동을 하게 된 거죠.

말레이반도의 마을 근처에 와서 살게 된 과일박쥐는 평소와 다름없이 망고를 따 먹으며 생활했죠. 그런데 박쥐가 먹다 남은 망고 조각을 인간이 사육하던 돼지가 먹게 된 것입니다. 이 과정에서 과일박쥐에 있던 니파바이러스가 돼지에게도 옮겨간 거죠. 앞서 이미 살펴보았지만, 숙주가 바뀌면 바이러스는 생존을 위해 변이하게 됩니다. 역시나 돼지에게 옮겨간 니파바이러스는 돼지의 몸에 적응하

....

6. 미개간지나 휴경지를 새로이 경작할 때 불을 놓아 잡초와 잡목을 태워버리고 농경에 이용하던 농법

기 위해 변이를 일으키죠. 그 변이로 인해 니파바이러스는 인간의 몸에도 전파될 수 있는 열쇠를 얻게 된 것입니다. 그 뒤로는 예상한 그대로입니다. 니파바이러스에 감염된 돼지를 인간이 먹게 된 거죠. 그리고 인간에게 전염된 니파바이러스는 최고 75% 정도의 높은 치사율을 보일 만큼 악명을 떨치게 됩니다.

살 곳을 잃은 바이러스 매개들, 인간 사회로 넘어오다

서식지의 감소로 인해 인간 사회와 동떨어져 있던 바이러스가 넘어오게 된 사례는 또 있습니다. 우리가 잘 알고 있는 지구온난화와 기후위기 때문입니다. 기후위기는 지구상에 존재하는 다양한 생태계에 영향을 끼쳤는데, 모기도 예외는 아니었습니다. 원래 열대지방에만 살던 '어떤' 모기들이 대기가 뜨거워지면서 서식처를 점차 넓혀가고 있죠. 모기 따위가 무슨 대수냐고 생각할지 모르지만, 모기는 수많은 바이러스를 옮기는 대표적인 매개숙주로 알려져 있습니다. 모기가 옮기는 바이러스성 감염병 중에는 이미 알려진 것들도 많습니다. 예컨대 뎅기열, 지카바이러스, 말라리아, 일본뇌염 등이 있는데, 모두 모기 매개 바이러스성 질병이죠.

특히 뎅기열은 원래 열대지방에 서식하는 이집트숲모기가 옮기는 바이러스인데, 기후변화로 인해 모기의 서식지가 최근 급속도로 확산되고 있다고 합니다. 2014년도에만 일본에서 160여 명의 뎅기

#도심_곳곳에_#출몰하는_#야생동물_#니가_#왜_#거기서_나와!

열 환자가 발생했다고 하니까요. 그 밖에도 많은 감염병이 기후변화와 서식지 파괴로 인해 확산되고 있습니다. 기후위기를 자초한 것은 사실 우리 인간입니다. 급속한 산업화와 무분별한 개발, 한번 쓰고 버리는 수많은 일회용품들의 사용 등은 오직 인간의 편리를 위해 이루어진 것들이니까요.

바이러스성 감염병	발병지역	인류의 영향
말라리아	아프리카, 아시아	숲 파괴, 수자원 사업
뎅기열	열대지역	도시화
에볼라	아프리카	숲 파괴, 야생동물 사냥

우리가 더욱 경각심을 가져야 하는 이유는 환경파괴로 인한 기후위기는 단지 지구온난화로 끝나지 않기 때문입니다. 어쩌면 우리는 앞으로 과거에 겪어보지 못한 새로운 문제들, 그것도 아주 해결하기 어려운 문제들을 속속 마주하게 될 것입니다. 아마 바이러스의 습격 또한 그런 어려운 문제의 맛보기에 불과할지 모릅니다. 유엔 산하의 생명 다양성 과학기구(IPBES)에 의하면 포유류와 조류에서 아직 인간에게 전파되지 않은 잠재적으로 유해한 바이러스 수는 최대 170만 종으로 추정된다고 합니다. 야생동물과의 거리를 유지하는 것은 곧 그들의 생존을 보장해주는 노력과 다르지 않습니다. 그러한 노력이 바로 우리의 생존을 보장해주는 최선의 길이라는 것을 우리는 잊지 말아야 할 것입니다.

인간다움이란
무엇일까?

　　　　　　　　유전자(gene)란 유전정보의 단위를
말하며, 세포를 형성하고 생명 현상을 유지하는 데 필요한 단백질을
생산하는 등의 중요한 역할을 합니다. 이것은 각 개체의 고유한 특징
을 드러내게 하는 요인으로 자손을 통해 계속 후세대로 전달되죠. 그
리고 인간을 포함한 모든 생물체는 유전자로 이루어집니다. 이 유전
자는 생물에 대한 거의 모든 정보를 담고 있죠. 사실 유전자는 '정보'
그 자체라고 할 수 있습니다. 앞서 이야기한 것처럼 바이러스는 몸이
라는 껍데기를 포기한 채 오직 정보로만 살아가는 존재입니다. 그리
고 오로지 번식과 생존만을 목적으로 살아가죠. 바이러스의 유전자
속에는 오로지 생존과 번식이라는 정보만 입력되어 있기 때문입니
다. 그리고 이러한 목적을 충실히 달성하기 위해 바이러스는 다양한
전략을 구사합니다.

생각하는 인간, 유전자의 한계를 극복하다

인간은 어떨까요? 인간의 행동과 사고도 상당 부분 유전자를 통해 결정됩니다. 즉 인간의 마음이 학습하고, 기억하고, 모방하고, 각인하고, 문화를 흡수하고, 본능을 표현하려면 유전자의 작용이 있어야 합니다.[7] 또한 어떤 유전자를 가지고 태어나느냐에 따라 외모, 지능, 성격, 재능 등의 상당 부분이 결정된다고 합니다. 더 나아가 개개인이 가지는 삶의 목적이나 꿈도 이 유전자의 영향에서 그리 자유로울 것 같지는 않습니다. 왜냐하면 대개 자신이 가지고 있는 재능이나 신체적 조건 안에서 진로를 결정하는 경우가 많기 때문이죠. 운동에 재능이 전혀 없는 사람이 세계적인 축구선수를 꿈꾸기는 힘든 것처럼 말입니다. 이렇게 본다면, 인간도 어쩌면 바이러스와 크게 다르지는 않을 것 같습니다. 단지 유전자의 수가 다를 뿐이죠. 인간은 바이러스보다 훨씬 더 많은 유전 정보를 가지고 있을 뿐, 그 유전자로부터 완전히 자유로울 수는 없습니다.

물론 이에 대한 반론도 있습니다. 즉 유전자는 삶을 결정하는 아주 작은 부분에 지나지 않을 수도 있다는 거죠. 혹시 침팬지와 인간의 유전자 차이가 얼마나 난다고 생각하시나요? 비록 같은 영장류라고는 해도 인간과 침팬지를 비교하기에는 무리가 있다고 생각할 것입니다. 그런데 인간과 침팬지의 유전자를 연구한 과학자에 의하

....
7. 매트 리들리, 《본성과 양육》(이인식 옮김), 김영사, 2015, 21쪽

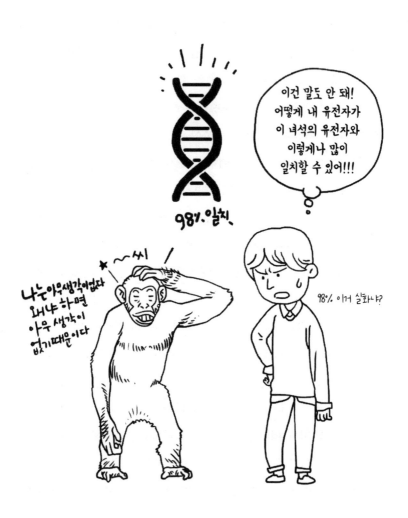

#침팬지와_#인간_#침팬지와_#고릴라_#누가누가_#더_비슷하게?

면, 무려 98% 정도가 유사하다고 합니다. 더 놀라운 것은 침팬지와 인간의 유전적 유사성이 고릴라와 침팬지의 유전적 유사성보다 더 높다고 하는군요. 이해가 되나요? 단순히 유전적으로 보면 고릴라보다 인간이 침팬지에 훨씬 더 가까운 셈입니다. 하지만 삶의 모습으로 보면 인간과 침팬지는 엄청난 차이가 있죠. 인간은 침팬지와 비교도 되지 않을 만큼 학문, 예술, 윤리, 경제, 과학의 발전을 이룩해왔습니다. 불과 2%의 작은 유전자의 차이이지만, 이 차이가 엄청난 변화로 이어질 수 있었던 이유는 무엇일까요? 그건 인간이 본능을 넘어 생각하는 존재이기 때문입니다.

생각하는 인간, 어떻게 잘 생각할 것인가?

우리 인간은 비판적으로 분석하고, 때로는 타인의 입장을 상상하며, 새로운 아이디어를 창조하기도 합니다. 생각은 눈에 보이지 않지만, 인간의 삶을 움직이고, 세상을 새롭게 바라보게 하죠. 이를 통해 인간은 자신의 생존이나 자손의 번식을 넘어 추상적인 가치나 인류의 행복을 위해 일을 합니다. 이러한 특징 때문에 뭔가에 몰입하면 배고픔을 잊어버려 끼니를 건너뛰기도 하고, 결혼도 마다한 채 평생 연구에만 매진하기도 하며, 또 때로는 기꺼이 타인을 위해 자신을 희생하기도 합니다. 우리가 잘 아는 예술가들은 하나같이 자신의 삶보다는 위대한 예술작품을 남기기 위해 살아갔습니다. 이처럼 유전자의 선택을 뛰어넘어 생각하는 힘, 그것이 곧 인간다움의 시작이 아닐까요?

하지만 인간이 모두 숭고한 가치를 실현하기 위해 살아가는 것은 아닙니다. 사실 살다 보면 이기적인 사람을 훨씬 더 많이 접하게 됩니다. 우리 주변에서도 종종 자신의 이익만을 위해 살아가는 사람들을 어렵지 않게 볼 수 있습니다. 자신의 기분에 따라 아무렇지 않게 타인을 괴롭히고, 남에게 피해를 주면서까지 오직 자신의 이익만을 집요하게 챙기는 모습 또한 인정할 수밖에 없는 인간의 일면이지요. 물론 이러한 사람들도 생각은 하겠지만, 그 생각은 본능에 복종하는 역할을 할 뿐입니다.

그러니까 더더욱 잘 생각하는 것이 무엇인지에 대해 고민해야 합니다. 잘 생각한다는 것은 비단 논리적으로만 생각하는 것이 아닙니다. 어려운 수학 문제를 잘 푼다고 해서 잘 생각하는 것도 아니죠. 좋은 생각이란 타인의 감정도 고려하면서, 논리적이고 합리적인 문제해결 방안을 고민하며, 창의적인 대안이나 결과를 만들어내는 것까지 모두 포함합니다. 때론 고통받는 이웃을 위해 함께 눈물 흘리고, 그들을 도와주기 위해 다양한 대안을 고민하며 더 나아가 사회 구조적인 문제까지도 날카롭게 비판할 수 있어야 하죠.

이러한 생각은 단지 자신의 생존이나 번식을 넘어 인류의 **공공선**과 행복, 공존의 가치를 지향합니다. 나아가 좋은 생각은 기계적인 삶의 반복이나 권태를 넘어 의미 있는 삶을 만들어냅니다. 이런 의미에서 철학자 존 듀이(John Dewey, 1859~1958)는 "좋은 사고가 민주주의와 좋은 삶을 위해 반드시 필요하다"고 보았습니다. 그리고 "좋은 사고는 사소한 일상의 삶도 의미로 충만한 아름다운 경험이 될 수 있도록 해준다"는 점을 강조했습니다.

이 책을 읽고 있는 여러분들은 어떤가요? 그저 본능에만 충실한 바이러스의 삶이든 인간다운 삶이든 선택은 결국 자기 자신에게 달려 있습니다.

오랫동안 당연시했던 것들에 대해
가끔 의문표를 붙이는 것은 유익한 일이다.

— 버트란드 러셀(1872–1970), 영국 철학자, 수학자

In many affairs it's a healthy thing now and then to
hang a question mark on things you have taken for granted.

—Bertrand Russell

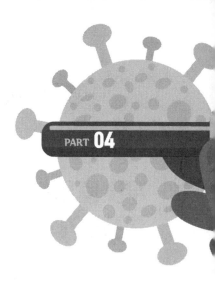

PART 04

위드 바이러스의 시대

"바이러스가 쏘아 올린 논쟁의 불씨들"

코로나19 팬데믹을 통해 사회, 정치, 경제, 문화 전반에 큰 변화가 일어났다. 사회적 거리두기와 함께 많은 영역에서 비대면 체계를 급속히 앞당기면서 과거에는 평범한 일상이었던 것들의 상당 부분이 달라졌다. 바이러스의 유행이 '평범'의 기준을 바꿔버린 셈이다. 이러한 것을 '뉴노멀(new normal)', 즉 새로운 표준이라고 하는데, 코로나19가 불러온 뉴노멀 시대에 이제 전문가들은 포스트 코로나를 넘어 '위드(with) 코로나', 즉 코로나와 함께하는 삶을 이야기한다. 이제 마지막 장에서 앞으로 우리의 삶이 어떻게 달라질 것인지, 그리고 바이러스와 관련하여 어떤 논쟁이 촉발되고 있는지 등에 관해 이야기하려고 한다. 특히 마지막 장에서는 각각의 주제와 관련하여 우리가 꼭 생각해볼만한 문제들도 함께 제시하려고 한다.

무엇을 위한
통제인가?

바이러스가 급속도로 퍼질 때 가장 중요한 것은 뭐니 뭐니 해도 철저한 방역입니다. 방역이란 바이러스 감염으로부터 사람들의 생명을 지키기 위해 이루어지는 일련의 조치들을 포괄합니다. 그런데 공공의 이익을 위한 방역 조치에는 부득이하게 일정 부분 통제가 뒤따를 수밖에 없습니다. 우리는 이미 코로나19로 인해 이러한 종류의 통제를 경험해보았습니다. 예컨대 공공장소에서는 반드시 마스크를 써야 하고, 식당이나 카페를 방문할 때에는 자신의 연락처나 주소 등 개인정보를 기재하거나 QR코드로 인증해야 했습니다. 또 외국에 다녀올 일이 생기면 2주간 강제격리도 감수해야 했죠. 다른 나라에서는 지역이동을 강제로 통제하기도 했고, 늦은 시간에 맘대로 길거리를 다니는 사람에게 벌금을 매기기도 했습니다.

나의 자유가 다른 누군가의 자유를 위협하는 역설

철저한 방역을 위해서는 범위를 넓힌 강력한 통제가 가장 확실한 방법입니다. 어쨌든 감염 지역에서 최대한 멀리 떨어지도록, 감염자와 접촉하지 않도록 차단하는 것이 가장 효율적인 방역이니까요. 그러나 우리 인간에게 자유는 근원적인 욕구 중 하나입니다. 그래서 우리나라 헌법에서는 '신체의 자유, 언론의 자유, 거주·이전의 자유, 직업선택의 자유, 양심의 자유, 종교의 자유' 등 자유에 관련된 다양한 기본권을 보장하고 있죠.

우리가 당연하게 여기는 이런 기본권은 하루아침에 그냥 얻어진 것이 아닙니다. 인류는 오랜 시간 자유를 보장받기 위해 치열하게 투쟁해왔고, 그 과정에서 수많은 목숨들이 희생되기도 했죠. 예컨대 종교의 자유를 얻기 위한 순교자들, 언론과 집회의 자유를 얻기 위한 민주 열사들이 있었습니다. 또 일제강점기 시절 독립운동가들 역시 궁극적으로는 일제의 강압으로부터 자유로워지기 위해 투쟁을 했던 것입니다. 그뿐만 아닙니다. 세계사에서 등장하는 시민혁명, 독립혁명, 흑인해방운동 역시 궁극적으로는 자유를 위한 투쟁이었죠. 이처럼 인류의 역사는 자유를 확보하기 위한 투쟁과 진보의 과정이었다고 해도 결코 과언이 아닙니다.

그런데 문제는 개개인의 자유를 무한정 허용하면 결과적으로 자유는 오히려 줄어든다는 점입니다. 특히 코로나19 팬데믹은 이런 아이러니한 현실을 정확하게 보여주었죠. 즉 개개인이 자신의 자유만 추구하다 보면 결국 타인의 생명권, 건강권을 침해하게 됩니다. 클럽, 종교모임, 각종 집회 등에서 시작된 집단감염은 누군가에게는 자유의 행사였지만, 그로 인해 누군가는 건강권을 침해당했고, 생계를 위협받았으며, 나아가 가족, 직장, 학교, 친구들까지 막대한 피해를 입고 말았습니다. 건강과 생계가 위협받는다는 것은 결국 더 심각한 자유의 제한을 초래하게 됩니다.

이러한 자유의 역설은 이미 영국의 경제학자이자 철학자인 존 스튜어트 밀(John Stuart Mill, 1806~1873)에 의해 정확하게 지적된 바 있습니다. 밀은 《자유론》에서 양심의 자유, 집회의 자유, 결사의 자유 등을 옹호하면서 개인은 타인의 행복과 자유를 침해하지 않는 선에서 자유를 추구해야 한다고 강조했습니다.

> 인간은 누구나 자신만이 관련되는 한 하고 싶은 대로 행동할 자유를 가져야 한다 그러나 타인을 위해 행동하는 경우, 타인의 일이 전적으로 자기 일이라는 구실 아래 자기 멋대로 행동하는 자유는 허용될 수 없다. 특히 국가는 개인만이 관련되는 일에 대해 각자의 자유를 존중해야 하지만, 그가 타인에게 행사할 어떤 권리를 개인에게 부여하는 경우 그 권리에 한해 국가가 충분히 감독할 의무를 진다.[1]

모두가 자유를 최대한 누리기 위해서는 어느 정도 개인의 자유를 제

....
1. 존 스튜어트 밀, 《자유론》(박홍규 옮김), 문예출판사, 2009, 222쪽

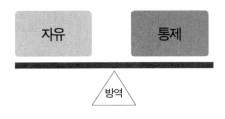

자유와 통제
누구나 자유를 누리고 싶지만, 무한대의 자유를 허용하면 결국 다수의 자유를 침해하는 아이러니한 결과를 초래하게 된다. 특히 바이러스가 유행하는 때에 방역이라는 이름의 통제와 개인의 자유 사이의 적정 균형은 중요한 문제이자 여전한 논란거리인 것도 사실이다.

한할 수밖에 없다는 것이지요. 밀의 입장에서 보면 방역을 위한 통제역시 서로의 자유 보장을 위한 어쩔 수 없는 선택으로 볼 수 있습니다. 하지만 방역이라는 이름으로 자유를 과연 어디까지 제한해야 하는지에 관해서는 나라마다 다른 생각을 가지고 있는 것 같습니다.

방역이라는 이름의 통제와 자율적 판단에 의한 규칙의 준수

유럽이나 미국에서는 개인의 자유를 우선시하는 문화가 지배적입니다. 그런데 코로나19 팬데믹 상황에서는 오히려 이것이 수많은 감염자와 사망자를 야기하고 있죠. 심지어 일부 사람들은 마스크를 쓰지 않을 자유까지도 주장한다고 하니까요. 반대로 몇몇 나라의 경우에는 지나친 통제로 인해 개인의 인권마저 침해하고 있다는 비판도 나타나고 있습니다. 예를 들어 독일에서는 수백 명의 시민이 경찰을 폭행하고 상점을 약탈하는 폭동을 일으키기도 했습니다. 코로나19로 인한 통제에 대한 불만의 표시였죠.[2]

감염 확산 방지라는 명분에도 불구하고, 한편에서는 여전히 통제에 대한 강한 우려를 표현합니다. 바로 뒤에서 좀 더 자세히 이야기하겠지만, 코로나19의 확산을 막기 위한 국가의 강력한 통제는 국가 권력의 강화로 이어질 수 있습니다. 그래서 몇몇 학자는 코로나19 이후에는 정부 중심의 강력한 통제국가가 나타날 것이라는 비관적인 전망을 내놓았죠. 또한 방역이라는 명분을 지키기 위한 감시와 통제를 눈감았더니 빅브라더[3]가 눈을 떴다며, 팬데믹 이후 민주주의 후퇴론을 우려하는 목소리도 존재합니다.[4]

국민의 생명과 자유 중에 무엇이 더 중요한지에 대한 정답이 있을까요? 누구에게는 목숨보다 자유가 더 중요할 수도 있고, 또 다른 이에게는 자유보다 목숨이 더 중요할 수 있습니다. 어쨌든 둘 다 중요한 것이 분명한데, 자유와 생명을 모두 다 보장받을 수 있는 방법은 없을까요? 이에 대해 우리는 철학자 칸트(I. Kant, 1724~1804)에게서 중요한 시사점을 얻을 수 있습니다. 칸트는 자율이라는 말을 씁니다. 이는 우리가 흔히 말하는 자유와는 다른 것입니다. '자유'는 내가 원하는 대로 행동할 수 있는 상태를 의미합니다. 하지만 '자율'

2. 이교준, 〈독일 수백 명 폭동…"코로나19 통제에 불만"〉, YTN 사이언스투데이, 2020.6.23.
3. 1949년 조지 오웰의 소설 《1984》에 등장하는 감시자를 지칭하는 용어. 정보의 독점을 통해 사회를 통제, 관리하는 사회체계를 의미함.
4. 조성필, 〈방역 위한 감시·통제에 눈감았더니 '빅브라더'가 눈떴다〉, 《아시아경제》, 2020.05.28.

은 자신의 준칙을 스스로 세워서 지켜 나가는 것을 의미하죠.

'규칙을 지킨다'는 것을 살펴볼까요? 방역 규칙은 얼핏 통제처럼 보이지만, 외부의 강제 없이 스스로 지킨다는 측면에서 보면 다릅니다. 자신이 알아서 지키는 규칙은 스스로 인정하고 받아들인 것이니까요. 물론 이것이 가능하기 위해서는 우선 개인의 합리적 이해가 선행되어야 합니다. 즉 스스로 이 규칙을 왜 지켜야 하는지를 깨닫는 거죠. 좀 더 구체적인 예를 들어봅시다. 공공장소에서는 마스크를 써야 합니다. 그런데 어느 한 사람은 벌금을 내지 않기 위해, 어느 한 사람은 타인을 배려하기 위해 마스크를 썼다면 똑같이 마스크를 쓰고 있다고 해도 전혀 다른 행위라고 할 수 있습니다. 타인을 배려해야 하는 이유를 스스로 이해하고 주체적인 결정을 통해 마스크를 쓰는 것이 바로 자율입니다. 칸트는 인간이 외부의 강제가 아닌 스스로 도덕적 원칙을 세울 수 있다는 측면에서 존엄한 존재라고 본 거죠.

이번 코로나19 상황에서도 자율성과 시민의식이 뛰어난 사람들이 방역에도 더 잘 참여했다는 설문조사가 있었습니다. 통제와 자유의 갈림길에서 방역을 위한 최선의 대안은 개개인의 자율성을 신장시키는 것이 아닐까요?

1. 개인의 자율성은 어떻게 길러지는 것인가?

2. 개인의 자율에만 맡기다가 방역에 실패할 위험성은 없는가?

빅브라더,
현실이 되다!

코로나19 펜데믹 이후 우리의 휴대전화로 다음과 같은 안전 안내 메시지가 자주 전송됩니다.

"(　　)확진자 동선 공개, 시청 홈페이지를 참고"

공공의 이익을 위한 결정인가, 개인의 사생활 침해인가?

일정 기간 어느 한 사람이 거쳐간 동선을 공개한다는 것은 결코 단순한 일이 아닙니다. 왜냐하면 동선만 살펴보더라도 그 사람이 어떤 일을 하는 사람인지, 나아가 어떤 취향을 가졌는지도 대충 짐작할 수 있기 때문이죠. 예를 들어, 동선에 특정 학교가 포함되면 학생이나 교사임을 짐작할 수 있고, 교회가 나온다면 기독교 신자임을 알 수 있습니다. 또한 한낮에 오랜 시간 PC방에 머물러 있었다면, 일정한 직업이 없거나 게임에 중독된 사람이라고 추측해볼 수도 있습니다. 이렇듯 한 사람의 동선은 생각보다 꽤 많은 내밀한 정보들을 노출하며, 이는 당연히 개인의 사생활 침해에 해당합니다. 따라서 국민 모두에게 개인의 사생활을 공개하는 것은 당연히 옳지 않습니다. 또 우리는 누구나 개인의 사생활은 보호받아야 한다고 생각합니다. 자, 그러면 여기에서 새로운 질문이 생깁니다.

"과연 어디까지가 사생활일까요?"

사생활이라면 타인의 삶에 영향을 주지 않는 영역이겠죠? 예를 들어, 내가 오늘 어떤 음식을 먹었는지, 또는 내가 몇 시에 잠자리에 들었는지 등은 타인의 삶과 상관이 없습니다. 이는 오로지 나의 사생활이며, 이와 관련된 정보는 개인정보입니다. 또 개인정보는 나의 동의가 없으면 함부로 타인에게 노출해서는 안 됩니다. 내가 모르는 누군가가 나의 사생활을 지켜보고 있다면 얼마나 불쾌감이 들까요? 사생활은 타인의 시선을 신경 쓰지 않고 온전히 나에게만 집중할 수 있는 시간입니다. 이를 통해 우리는 휴식을 취하고, 사회생활을 위한 준비도 할 수 있죠. 그래서 개인의 동의 없이 개인정보를 유출하는 것은 법적으로 처벌의 대상이 됩니다. 심지어 범죄자의 신상정보 공개 역시 신중한 논의를 거쳐 이루어지고 있는 것만 보더라도, 개인정보공개는 굉장히 민감한 문제임을 알 수 있습니다.

그런데 코로나19의 유행은 이러한 생각에 균열을 일으키고 말았습니다. 왜냐하면 개인의 동선이 타인의 삶과 결코 무관하지 않았기 때문이죠. 확진자가 다녀간 장소는 타인에게 바이러스를 전파시킬 가능성이 있는 장소가 됩니다. 따라서 확진자가 다녀간 장소는 일련의 처치가 이루어지기 전까지는 방문하지 않는 것이 최선의 방역입니다. 다시 말해 동선 공개가 공공의 이익을 도모하는 방역의 필수 정보가 된 것이죠. 하지만 이러한 동선 공개는 확진자에게 2차 피해를 야기할 수 있습니다. 코로나19에 감염된 것도 속상한데, 자신의 사적 정보까지 모든 사람에게 알려진다는 것에 대해 심리적 부담을 느끼는 것이죠. 이로 인해 '코로나 블루[5]'라는 말까지 생겨나고 있습니다. 이는 감염의 두려움으로 인해 밖에 나가지 못해서 생기기도 하지만, 동선 공개로 인한 심리적 부담감 때문에 생겨나는 경우도 많다고 합니다. 생각해보세요.

> "야, 너 어제 그 식당 갔어? 너 때문에 그 식당 문 닫았다고 하더라. 어
> 떡할래? 그러게 왜 싸돌아다녀서…"

이런 말을 들으면 어떤 기분이 들까요? 두렵고 억울하고 또 한편으론 슬프지 않을까요?

5. 코로나19와 우울감을 뜻하는 'blue'가 합쳐진 신조어

#감시_ #통제_ #빅브라더_ #정보권력

방역이라는 명분으로 정부는 확진자의 동선을 꼼꼼하게 파악하기 위해 CCTV뿐만 아니라 카드사용 내역에 이르기까지 온갖 정보들을 수집합니다. 그리고 확진자의 진술을 토대로 동선을 정리하죠. 물론 정부가 개인의 정보를 이토록 치밀하게 밝히고 공개하는 근거는 공공선입니다. 확진자의 정보를 공개하는 것이 공공의 이익에 기여하기 때문이죠. 즉 공공선이라고 말할 수 있는 근거는 이를 통해 타인의 생명을 보호할 수 있다는 전제가 있기 때문입니다. 그리고 수많은 생명을 살리기 위한 행위를 반대할 사람은 거의 없을 겁니다. 타인의 생명을 보호하기 위해 개인의 권리를 어느 정도는 제한할 수 있어야 한다는 것에는 누구나 동의합니다. 아무리 바빠도 교통신호를 지켜야 하는 것과 마찬가지 아닐까요?

공공선은 항상 개인의 이익에 앞서야 할까?

공공선이 중요하고 필요하다는 점은 대체로 수긍할 것입니다. 그런데 개인의 권리보다 무조건 공공선을 우선하는 것은 문제가 될 수 있습니다. 먼저 우리가 왜 공공선을 중요하게 여기는지 이유를 생각해야 합니다. 그것은 공공선이 개인의 행복에 필수적인 요소이기 때문이죠. 사회가 건강하지 못하면, 개인의 삶도 불행해질 가능성이 크니까요. 다시 말해 공공선의 전제 또한 개인의 행복이라는 뜻입니다. 따라서 개인의 행복이나 권리를 고려하지 않고, 오직 공공선만을 우선하는 것은 전체주의 사회로 가는 지름길입니다. 이 때문에 철학자 한나 아렌트(Hannah Arendt, 1906~1975)는 공적 영역과 사적 영역을 엄격히 구분하는 것에 반대합니다. 사적 영역은 공적 세계로 나가기 위해 반드시 필요한 것입니다. 아렌트는 사적 영역이 건강해져야 공적 영역도 더 풍요로워질 수 있다고 보았습니다. 즉 공적 영역만큼 사적 영역도 존중받아야 한다는 것이죠.

공공선을 누가 결정하느냐도 문제가 됩니다. 예컨대 국가의 경제 발전도 공공선이 될 수 있고, 올림픽에서 금메달을 많이 따는 것도 공공선이 될 수 있죠. 따라서 공공선이라는 이유만으로 무조건 개인의 권리를 침해하는 것은 정당하지 않다는 것입니다. 그 공공선이 과연 모두의 건강과 행복을 위해 꼭 필요한 것인지에 관한 신중한 검토가 필요합니다. 코로나19 상황에서도 개인의 동선을 어디까지 공개할 것인지에 대해 많은 논란이 있었습니다. 이에 정부는 꼭 필요한 경우에만 한시적으로, 또 최소한의 정보만을 공개하기로 했죠. 이러한 결정은 공공선이라는 이유만으로 개인의 권리를 함부로 침해해서는 안 된다는 생각을 가지고 있었기에 가능했습니다.

전방위적 감시체제 사회가 도래할 것인가?

개인에 대한 통제와 감시는 국가에게 실로 막강한 권력을 부여합니다. 따라서 팬데믹이 종결된 후에도 이러한 권력을 내려놓기란 결코 쉽지 않을 거라는 전망도 조심스레 나오고 있습니다. 아예 일부 전문가들은 포스트 코로나 사회는 벤담의 파놉티콘처럼 전방위적 감시체제가 매우 활발히 작동될 것이라는 예측마저 내놓고 있죠. 현대판 빅브라더의 등장입니다. 개인의 재산 및 의료정보가 활발하게 공유되는 것입니다. 긍정적인 측면에서 보면 이러한 빅데이터를

✚ 파놉티콘(Panopticon)

영국의 철학자이자 법학자인 제러미 벤담(Jeremy Bentham, 1748~1832)이 제안한 일종의 감옥의 형태를 말한다. 파놉티콘의 어원은 그리스어로 '모두'를 뜻하는 'pan'과 '본다'를 뜻하는 'opticon'을 합성한 것으로 벤담이 소수의 감시자가 모든 수용자를 자신을 드러내지 않고 감시할 수 있는 형태의 감옥을 제안하면서 이 말을 창안했다.

파놉티콘[5]

통해 군이 서류를 제출하지 않아도 알아서 복지지원을 받을 수 있고, 개인의 건강 정보도 수시로 받을 수 있습니다. 예방주사를 맞을 시기부터 건강검진 결과까지 공유되어 활용되는 것입니다. 어쩌면 정보의 공유와 빅데이터는 개인의 삶을 더 건강하고 편리하게 만들어줄 수 있을지 모릅니다. 하지만 어두운 면도 있습니다. 반대로 사적 영역이라는 것이 그만큼 크게 줄어들 수도 있기 때문입니다.

1. 공공선을 위해 개인정보는 어디까지 공개할 수 있을까? 그 기준은 있을까?

2. 온라인을 통해 개인정보가 공유하는 사회에 대해 어떻게 생각하는가?

6. http://blog.naver.com/PostView.nhn?blogId=builder10&logNo=220962126181&parent-CategoryNo=&categoryNo=&viewDate=&isShowPopularPosts=false&from=postView

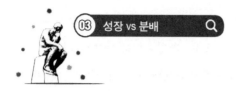

03 성장 vs 분배

함께 나누는 것은
성장 동력을 떨어뜨릴까?

          성장과 분배는 경제 및 정치 영역에서 끊임없는 논쟁의 대상입니다. 분배를 강조하다 보면 성장의 동력이 약화되고, 성장만 강조하다 보면, 분배가 제대로 이루어지지 않아 불평등이 가중되기 때문입니다. 그래서 흔히 이 두 가지 영역을 두 마리 토끼에 비유하기도 했습니다. 서로 다른 방향으로 튀어가는 두 마리 토끼를 함께 잡는 것만큼이나 힘들다는 뜻이겠죠.

바이러스 앞에서 맥없이 무너진 경쟁의 미덕

1970년대 이후 세계적으로 복지 자본주의는 약화된 한편, 신자유주의가 대세로 떠올랐습니다. 특히 신자유주의자들은 그 무렵 서구의 많은 나라에서 새로이 등장한 '스테그플레이션(stagflation)[7]'이라는 경제 현상의 원인으로, 국가의 과도한 경제 관여와 이를 위한 정부지출 증가를 주된 문제로 꼽으며 공격했던 것입니다.[8] 신자유주의자들이 가장 중요하게 꼽은 것은 역시 '성장'이었습니다. 즉 국가의 개입을 최소화하고 자유로운 시장 경쟁을 통한 성장만이 전체적인 부를 키울 수 있는 지름길이라는 거였죠. 신자유주의가 강조한 노동시장의 유연화, 무역의 자유화, 감세, 민영화 등은 모두 이러한 경쟁의 논리를 강조한 것입니다. 자유로운 경쟁은 능력에 따른 차별을 정당화하고, 이는 스스로 더 열심히 노력하게 만들기 때문에 결국 사회의 전체적인 성장으로 이끈다는 논리입니다.

성장을 통해 전체 부의 크기가 커지면, 각 개인에게 돌아가는 분배의 양도 커질 거라고 생각하는 거죠. 이는 예전에 어느 경제인이 말한 "뛰어난 한 명의 천재가 20만 명의 사람들을 먹여 살린다"라는 논리와도 일맥상통하는 면이 있습니다. 사람들은 끊임없이 경쟁에서 승리하기 위해 노력할 것이고, 이런 노력이 사회의 성장으로 나아가는 효율적인 길이라는 점은 전혀 틀린 말은 아닙니다. 《종합철학체계》로 유명한 영국의 철학자 허버트 스펜서(Herbert Spencer, 1820~1903) 역시 사회의 진화는 적자생존, 즉 경쟁을 이겨낸 뛰어난 인재들이 이끌어간다는 생각을 강조했으니까요. 실제로 20세기부터 최근까지 우리

---

7. 경기침체를 의미하는 스태그네이션(stagnation)과 인플레이션(inflation)을 합성한 말로 경기침체 속에서 물가상승이 동시에 발생하고 있는 역설적 상태를 말한다.
8. 김정호, 〈신자유주의의 본질, 이론·역사와 그 현대적 기원〉, 《레디앙》, 2019.5.31.

나라를 포함한 세계 전반에서 경쟁을 미덕으로 여기며, 사회적으로도 줄세우기식 치열한 경쟁을 조장한 측면이 없지 않습니다.

그런데 코로나19는 이러한 성장 중심의 사고에 심각한 균열을 일으키고 있습니다. 왜냐하면 바이러스는 사회의 가장 연약한 고리들부터 파고들었기 때문이죠. 물론 거듭 말하지만, 바이러스에게는 불순한 의도성 같은 건 전혀 없습니다. 바이러스는 오직 종의 생존을 위한 전략을 취할 뿐이니까요. 바이러스가 사회 구석구석으로 전파되는 동안 사회적·경제적으로 취약한 곳일수록 방역에서도 취약한 모습을 드러냈습니다. 예컨대 우리나라에서도 처음 집단감염이 나타난 곳은 요양병원이나 콜센터 등 주로 노동환경이 열악한 곳들이 많았죠. 또한 코로나19 기간 동안 재택근무가 불가능하고, 아파도 참고 밖에서 일을 해야만 먹고 살 수 있는 계층일수록 방역에 가장 취약했던 것으로 드러나고 있습니다. 그리고 이는 세계적으로 보더라도 마찬가지입니다. 사회에서 가장 열악한 계층이 방역에 취약했으며, 코로나19로 인한 치명률도 높게 나타났죠.

> 영국 통계청의 발표에 따르면 영국에서 가장 빈곤한 지역의 코로나19로 인한 사망률이 빈곤 정도가 가장 낮은 지역의 수치보다 두 배 높았습니다. 소수자 중에서도 경제적으로 취약한 집단의 감염률이 가장 높았고요. 지역 병원이 내놓은 임상 결과도 이와 비슷해요. 병원에 온 사람들을 인종별로 나누면 뚜렷한 차이가 드러나죠. 도심에 거주하는 가난한 백인들이 가장 취약했습니다[8]

일단 취약계층을 파고든 바이러스는 결국 사회 전체로 퍼져나갔습니다. 사회 전체적인 부가 아무리 크더라도, 부의 불균형이 심각한 나라에서는 바이러스에 대한 대응이 훨씬 취약한 것으로 나타났습니다. 대표적으로 미국은 적어도 코로나19 대응이라는 측면만 살펴본다면 강대국을 넘어 패권국이라는 타이틀이 무색할 만큼 다소 허술한 모습이었죠. 미국은 경제대국이기도 하지만, 세계에서 빈부격차가 심각한 나라로도 꼽힙니다. 결국 경쟁과 성장은 바이러스에 대항할 수 있는 무기가 아니었던 것입니다.

연대와 협력에서 발견한 새로운 길

좀 전에 취약한 계층일수록 바이러스의 위험에 좀 더 치명적인 타격을 입었다고 이야기했습니다. 이미 많은 점에서 불리하여 힘들게 버티고 있던 상태에서 바이러스의 공격까지 더해지자 더 이상 버틸 수 없게 된 거죠. 다 죽어가는 사람들에게 "왜 스스로 더 노력해서 경쟁력을 키우지 못하냐?"라고 다그치는 것이 과연 의미가 있을까요? 생존을 하느냐 마느냐의 기로에 있는 사람에게 이는 또 다른 가해행위와 다를 바 없습니다.

　바이러스에 가장 효과적인 무기는 연대와 협력이었습니다. 성장

....
9. 안희경, 《오늘부터의 세계》, 메디치미디어, 2020, 115쪽.

중심의 정책은 더이상 미래사회의 목표가 될 수 없다는 뜻입니다. 연대를 위해서는 먼저 분배와 평등이 강조되어야 합니다. 코로나 19 기간 우리 사회에서 재난지원금이 지급되고, 기본소득에 대한 논쟁이 한층 가열된 것을 알고 있을 것입니다. 이러한 논쟁 또한 분배의 일환입니다. 일단 기본적인 생계가 보장되어야 방역에도 참여할 수 있고, 연대도 가능하니까요. 당장 먹고살 것이 없는데, 방역 수칙에 따라 장사 같은 생업을 중단하라고 요구하는 것은 누군가에게는 잔인한 사형선고나 마찬가지 무게로 다가올 테니까요. 바이러스 때문에 죽든, 굶어서 죽든 똑같다고 생각할 것입니다.

특히 영세자영업자들일수록 문제는 더욱 심각합니다. 이들의 대부분은 사회 안전망이 없어서 빚을 내어 가게를 낸 경우가 많습니다. 하루라도 장사를 하지 않으면 임대료나 이자도 내기 힘듭니다. 이들에게 바이러스 방역을 위해 마냥 가게 문을 닫으라고만 강요할 수 있을까요? 이에 대해 일부 사람들은 부자는 안전하다고 말합니다. 재택근무를 하면서, 저녁이 있는 삶을 누릴 수 있으니 오히려 바이러스의 혜택을 본다고 생각하기도 합니다. 하지만 이 또한 적절한 시각은 아닙니다. 바이러스가 사람을 가리는 것은 아니니까요. 실제로 코로나19 기간에 세계에서 트럼프 전 미국 대통령을 비롯하여 재벌과 권력자들 중에서도 바이러스에 감염된 사례가 있습니다. 개인의 부와 권력이 바이러스로부터 완벽한 안전망을 제공해줄 순 없다는 사실을 보여준 거죠. 바이러스는 오직 사회 전체의 집단 방역을 통해서만 종식시킬 수 있습니다.

그래서 개인의 부(富)보다 사회적 안전망이 더욱 중요합니다. 부의 분배가 잘 이루어진 사회일수록 안전망 또한 더욱 탄탄해질 수 있습니다. 아마 코로나19 이후 세계에서는 다시금 분배와 성장에 대한 근본적인 토론이 이루어질 것으로 보입니다.

> 부자들의 영원한 꿈은 오염된 일반 사람들의 거주지와 완전히 분리된 한 지역을 갖는 것이다. 닐 블롬캠프의 〈엘리시움〉같이 대재앙 이후를 다룬 무수한 블록버스터를 생각해보라. 2154년이 배경인 이 영화에서 부자들은 거대한 인공 우주정거장에 사는 반면 그 나머지 인구들은 마치 라틴아메리카의 빈민가를 확장해놓은 것처럼 보이는 폐허가 된 지구에서 거주한다. 현실 속 부자들은 모종의 파국이 올 때를 대비해 뉴질랜드의 저택들을 사들이거나 로키산맥에 있는 냉전 시대 핵폭탄 방어용 벙커를 개조하고 있다. 그런데 바이러스 감염병의 문제는 우리가 완벽하게 고립될 수 없다는 사실이다. 오염된 현실과의 최소한의 연결은 잘리지 않는 탯줄처럼 피할 수 없다.[10]

일부 세계적인 학자들은 코로나19로 인해 사람들의 인식이 변화되고 있으니 분배가 더 강조되는 방향으로 바뀔 것이라는 예측도 합니다. 반면 코로나19라는 불확실성에 대처하기 위해 노동시장의 유연화는 더욱 심화될 것이기 때문에 부의 불균형은 더욱 심해질

....
10. 슬라보예 지젝, 《팬데믹 패닉》(강우성 옮김), 북하우스, 2020, 186쪽

것이라는 예측도 있습니다. 게다가 경제 상황의 악화와 실업률의 증가, 인공지능의 발달은 부의 불균형을 가속화시킬 것이라고도 합니다. 이러한 팽팽한 줄다리기 속에서 앞으로도 기본소득에 대한 논쟁은 한층 더 가열될 것으로 보입니다.

➕ 기본소득이란?

기본소득은 국가가 모든 구성원에게 아무 조건 없이 정기적으로 지급하는 소득이다.

기본소득은 세 가지 점에서 기존 생활보장제도와 다르다. 첫째, 기본소득은 보편적 보장소득이다. 즉 국가가 모든 구성원에게 지급하는 소득이다. 둘째, 무조건적 보장소득이다. 즉 자산 심사나 노동 요구 없이 지급하는 소득이다. 셋째, 개별적 보장소득이다. 즉 가구 단위가 아니라 구성원 개개인에게 직접 지급하는 소득이다.[10]

질문

1. 기본소득제도에 대해 어떻게 생각하는가?

2. 능력에 상관없이 재화가 평등하게 분배된다면 사람들은 노력하지 않을까?

....
11. 기본소득한국네트워크, https://basicincomekorea,org/all-about-bi_definition/ 인용.

싸워 지배할 것인가, 공존할 것인가?

바이러스의 확산은 단지 감염병 문제를 넘어 사회 전반의 패러다임 변화를 가속화하고 있습니다. 특히 사회적 거리두기가 강조되면서 재택근무, 화상회의, 온라인수업 등 짧은 기간 동안 비대면 체제 중심의 사회변화를 빠르게 부추겼습니다.

기본적으로 바이러스는 숙주와의 접촉을 통해 전파됩니다. 따라서 바이러스의 전파를 막기 위한 가장 확실한 방법은 숙주끼리 최대한 접촉을 줄이는 것입니다. 감염이 걷잡을 수 없이 확산되자 일부 나라에서는 사람들을 아예 집 밖으로 나오지 못하게 강제하기도 했으며, 각종 모임을 전면 금지하기도 했습니다. 코로나19 기간에 택배 및 배달 산업이 급속하게 발전하게 된 것도 이러한 이유 때문입니다.

인공지능, 인간을 대신해 위험한 현장에 투입되다

문제는 아무리 접촉을 최소화한다고 해도 접촉이 불가피한 분야는 반드시 있다는 것입니다. 예컨대 택배와 배달은 물론 의료현장에서 환자를 관리, 진단, 치료하기 위해서는 사람과의 접촉이 필요합니다. 이러한 현장에서 고군분투하는 인력들은 상대적으로 감염에 취약할 수밖에 없었으며, 폭증한 업무량 탓에 과로로 쓰러지는 경우도 다반사였습니다.

그래서 최근 AI, 즉 인공지능이 대안으로 떠올랐습니다. 인공지능은 사람과 같은 역할을 할 수 있지만, 바이러스에 감염될 위험은 없기 때문이죠. 예컨대 인공지능 로봇 및 드론을 활용하여 택배 및 배달을 하고, 의료현장에서는 환자들에 대한 진단 및 치료에도 도움을 줄 수 있다고 합니다. 실제로 코로나19 기간에 인공지능은 바이러스의 초기 탐지, 확진, 전파 예측 등에서 크게 활약했습니다. 예컨대 캐나다의 AI 의료 플랫폼 업체 블루닷(BlueDot)은 세계보건기구(WHO)보다 앞서 코로나19 사태를 경고했습니다. 그리고 이에 앞서 2016년 1월에는 국제학술지 셀(Cell)을 통해 지카바이러스가 국제적으로 확산될 것이라고 예측하기도 했습니다.[12] 오른쪽 표는 코로나19 기간 인공지능이 활용된 사례를 정리한 것입니다.

....
12. [코로나19 과학리포트]. Vol 4. 인공지능으로 코로나19 바이러스 진단 예측
    https://www.ibs.re.kr/cop/bbs/BBSMSTR_000000000971/selectBoardArticle.do?nt-
    tId=18201&fbclid=IwAR2ugFs5bmMX419ec5lfp-Ebqdz9ySjqMcvjjBJeUCS7QoJVohg-
    mhNakM6Y

발열 검사	- 중국 바이두(Baidu)가 개발한 AI 시스템은 컴퓨터 시력과 적외선 센서를 장착한 카메라를 이용해 공공장소에서 사람들의 체온을 측정 - 대만 어드밴텍의 AI 정찰 로봇은 중국 주요 공항과 쇼핑몰 현장에 투입돼 마스크 착용 여부나 체온을 확인해 코로나 감염증 확산 방지
멸균 소독	- 미국 LA 소재 '다이버 UVC 이노베이션스(Dimer UVC Innovations)'는 LA국제공항 등 미국 공항에 항공기용 멸균 로봇 '점팔콘(GermFalcon)'을 무상 제공 - 경기도 김포, 성남, 수원 등 일부 지자체들은 코로나19 방역에 드론 활용
음식 및 의약품 운반	- 중국 케이터링 사업자인 Pudu Technology는 격리된 환자에게 음식과 약품을 제공하기 위해 40개 이상의 병원에 자율 서비스 로봇 배치 - 중국 선전(Shenzhen) 소재 기술 기업인 MicroMultiCopter는 드론 배치를 통해 의료 샘플과 검역 자재를 수송 - 미국 140곳 이상의 의료기관에서 에톤(Aethon)사의 자율운반 터그(TUG) 로봇을 이용해 의료시설 내 의료품 운반에 활용
원격 진료	- 미국 워싱턴주 에버렛(Everett)의 '프로비던스 지역 메디컬센터'는 환자 진단 과정에 '비치(Vici)'라는 원격진료 로봇을 활용하여 의료진이 환자와 직접 대면하지 않고 환자 상태를 검진 - 시애틀의 의사들도 감염된 사람들에게 의료진이 노출되는 것을 최소화하기 위해 로봇을 사용하여 환자를 원격진료 - 알리바바 그룹의 헬스케어 플랫폼인 알리바바 헬스(阿里健康)는 중국 본토뿐만 아니라 해외에 거주하는 중국인들에게도 무료 온라인 원격진료 서비스 제공 - 국내 명지병원도 미국 인터치헬스가 개발한 RP-Lite V2 로봇을 1차 선별진료소에 설치해 원격진료에 활용

※자료: 정보통신정책연구원[13]

....

13.정보통신정책연구원, 〈코로나19를 만나다〉, 《AI TREND WATCH(2020-4호), 인공지능》.

인공지능, 어디까지 인간의 영역에 다가설 수 있나?

코로나19로 인한 비대면 사회로의 전환은 인공지능의 적용을 가속화하고 있습니다. 인공지능은 바이러스의 불확실성과 감염에 대항할 수 있는 유용한 수단인 것은 분명합니다. 하지만 일부에서는 여전히 인공지능에 대해 우려를 나타냅니다. 우리의 생명과 안전을 인공지능에 맡기는 것이 과연 올바른 방향인가에 관해서는 토론이 필요하다는 것입니다. 인공지능은 기본적으로 수식과 알고리즘으로 이루어져 있습니다. 수식과 알고리즘만으로는 인간의 복잡한 감정이나 느낌을 제대로 이해할 수는 없죠. 인간의 복잡다단한 감정은 수식으로 명쾌하게 정리될 수 있는 성격이 아니니까요.

인공지능에 관한 영화 〈아이 로봇(2004)〉을 보면 위급 상황에 빠진 인간을 돕는 인공지능 로봇이 물에 빠진 자동차에서 어린아이보다 부모를 먼저 구하는 장면이 나옵니다. 부모는 자신보다 아이를 먼저 구해달라고 애원하지만, 로봇은 망설임 없이 부모를 먼저 구합니다. 로봇이 그런 행동을 한 이유는 간단합니다. '생존확률'이 더 높았기 때문이죠. 인공지능은 특수한 상황에서 자기 내면의 가치관이나 도덕적 신념 등을 바탕으로 자율적 결정을 내리는 것이 아닙니다. 단지 수집된 정보를 바탕으로 자신에게 주입된 목적을 합리적으로 해결하기 위한 선택만 할 뿐입니다. 바로 이런 점 때문에 인공지능에게 우리의 생명과 건강 더 나아가 국가의 보건을 맡기는 것에 불안감을 나타내는 것입니다.

인공지능은 인간지능과 마찬가지로 문제 해결이나 목표 성취를 위해 각자 합리적으로 접근하지만, 인공지능에서 문제나 목표는 에이전트 바깥에서(더 구체적으로는 인간에 의해) 주어지는 반면 인간은 문제나 목표를 스스로 정한다는 점에서 이 둘은 결정적으로 다릅니다. 인공지능과 인간지능의 원리상의 차이는 문제나 목표가 외적이냐 내적이냐에 있습니다.[14]

또한 인공지능은 인간이 제공한 방대한 분량의 데이터를 기반으로 판단을 내립니다. 그런데 문제는 만약 그 데이터가 편향되어 있다면 인공지능의 판단 또한 편향될 가능성이 크다는 것입니다. 최근 구글에서 개발한 인공지능이 피부색에 따른 편견을 그대로 보여준 점이 문제가 되었죠. 백인이 체온계를 들고 있으면 그대로 체온계로 인식했지만, 흑인이 체온계를 들고 있는 경우 총으로 인식을 했기 때문이다. 이에 대해 구글은 곧바로 사과했지만, 인공지능의 판단을 신뢰하기에는 한계가 뚜렷하다는 비판이 일기도 했습니다. 그 이전에 IBM에서 개발한 인공지능 역시 인종차별적 발언과 나치 찬양 등의 표현을 하여 논란이 일기도 했었습니다. 우리나라의 경우도 인공지능 챗봇 '이루다'가 특정 소수집단에 대한 차별적 발언을 시작으로 논란을 일으키다 결국 서비스 시작 3주만에 종료되기도 했죠.[15]

....
14. 김재인, 《인공지능의 시대, 인간을 다시 묻다》, 동아시아, 2017, 67쪽
15. 이상진, 〈인공지능② 인간의 혐오와 편견이 만든 'AI챗봇 이루다' 논란〉, 《뉴스포츠》, 2021.2.2.

더욱이 인공지능은 기존의 데이터를 기반으로 판단하기 때문에 새로운 문제 상황에 능동적으로 대처하기 힘들다는 한계도 가지고 있습니다. 그뿐만 아니라 인공지능이 인간의 일자리를 대신함으로써 나타나게 될 실업률의 증가는 사회 전체에 극단적인 빈익빈 부익부 현상을 가져올 것이라는 비관적인 전망도 존재합니다.

아직은 인공지능이 주는 이점을 포기할 수 없다는 의견이 더 다수를 이룹니다. 앞으로 바이러스 시대에 사람들의 생명을 보호하고, 경제적인 효율성까지 갖춘 대안을 쉽게 포기할 수는 없다는 거죠. 하지만 인공지능이 인간 삶의 어느 부분까지 대체하고 보완할 수 있을지는 좀 더 심도 깊은 논의가 필요할 것으로 보입니다. 그리고 인공지능이 초래할 수 있는 부정적인 측면 또한 열어두고 함께 고민해봐야 할 것입니다.

질문

1. 인공지능이 인간과 같은 지능을 가지게 된다면 어떻게 될까?
2. 인공지능으로 인간 일자리 부족 문제를 해결할 수 있는 대안이 있을까?

죄송하지만,
당신은 우리와 달라요!

코로나19는 감염증상으로 인한 신체적 위협뿐만 아니라 다양한 정서적인 위협까지 일으키고 있습니다. 실제로 코로나19 확진자 중에는 신체적인 고통보다 정서적인 고통을 더 크게 호소하는 경우가 많았습니다. 확진으로 인해 지인이나 동료들에게 외면당하고, 지역사회에서도 고립되었기 때문입니다. 학생들의 경우에는 반에서 따돌림까지 당하는 경우도 많아서 심리 상담이 매우 중요했습니다.

이뿐만 아닙니다. 외국에서는 코로나19로 인해 동양인 전체에 대한 비하, 혐오가 거세게 일어났고, 팬데믹 초반에는 단지 동양인이라는 이유만으로 서구에서 혐오의 대상이 된 사례도 있습니다. 또한 미국에서는 경제활동 완화 조치 이후 코로나19가 다시 확산되면서 "너희 나라로 돌아가라"며 노골적으로 아시아인들에게 화

풀이는 하는 사례도 잇따랐죠.[15] 국내에서는 이태원 클럽 집단감염 사태로 인해 성소수자 혐오가 문제가 되기도 했습니다. 바이러스가 혐오와 함께 사회 곳곳에 침투하고 있는 것입니다.

혐오 감정은 어디에서 오는가?

혐오라는 감정은 상대방에 대한 극도의 거부감을 나타냅니다. 하지만 혐오라는 감정 자체를 비난할 수는 없습니다. 왜냐하면 혐오라는 감정 또한 인간의 본능에서 비롯된 자연스러운 감정이기 때문입니다. 무슨 말이냐 하면 혐오도 인간의 생존에 꼭 필요한 감정이라는 뜻입니다. 자신에게 해로운 것을 직관적으로 거부하는 것이기 때문입니다. 상하거나 썩은 음식을 상상해보세요. 어떤 감정이 드나요? 혐오스럽지 않나요? 혐오의 감정과 함께 본능적으로 거부함으로써 먹지 않도록 하는 거죠. 만약 상한 음식을 보고도 아무렇지도 않거나, 오히려 긍정적인 감정을 느낀다면 우리의 생존에 큰 위험이 될 것입니다. 마찬가지입니다. 바이러스는 우리에게 본능적으로 혐오감을 유발합니다. 바이러스에 걸린 사람에 대해 혐오감정을 느끼고 피하게 되는 것은 진화론적으로 보면 자연스러운 생존 본능의 표현이라고 할 수 있습니다.

....
16.최동혁, 〈"너의 나라로 돌아가!"…美 잇단 동양인 혐오 행위〉, 《KBS뉴스》, 2020.6.12.

시카고대학교 석좌교수 철학자 마사 누스바움(Martha Nussbaum)은 혐오를 두 가지 차원으로 구분합니다. 하나는 몸에서 배출되는 분비물, 노폐물에 대해 느끼는 혐오입니다. 즉 대소변이나 콧물 등에 대해 느끼는 감정을 의미하며, 이는 자연스러운 것이지요. 반면에 **문화적 혐오**도 있습니다. 노폐물, 썩은 음식물 등에 대해 느끼는 혐오감정을 특정 집단에게 투사하는 거죠. 이를 통해 특정 집단을 나와 다른 존재, 차별받아도 마땅한 존재로 만들어버립니다. 바이러스에 대한 혐오는 당연하지만, 바이러스에 걸린 사람에 대한 혐오는 '문화적 혐오'에 가깝습니다. 사람을 바이러스와 동일하게 생각한 것이기 때문입니다.

우리는 인간입니다. 따라서 본능을 억누르고 이성적으로 생각하며, 도덕적인 판단을 내릴 수 있죠. 즉 혐오 감정을 느낄 순 있지만, 이를 억제하고 상대방에 대한 연민과 동정심을 먼저 느낄 수도 있는 것이 인간입니다. 감염병 전문가들에 의하면 혐오 감정은 방역에도 전혀 도움이 되지 않는다고 합니다. 왜냐하면 혐오의 대상이 될까 두려워 스스로 확진자라는 사실을 숨기기 때문입니다. 사회적인 비난을 받을 위험을 감수하면서까지 자발적으로 선별검사를 받거나 확진 사실을 내보일 이유는 없다고 생각하는 것이죠. 당연한 겁니다. 하지만 이렇게 바이러스 감염을 숨기게 되면 결과적으로 방역에 큰 구멍이 뚫리게 됩니다. 자연히 우리 모두에게 심각한 피해로 돌아가는 것입니다. 따라서 타인에 대한 혐오가 나에게도 위협이 된다는 것을 이해하는 것이 중요합니다.

사회적 불안감이 혐오를 가중시키다

사회 전반으로 불안감이 확산될수록 소수자에 대한 혐오 또한 더욱 커질 수 있습니다. 쉽게 책임을 전가할 수 있기 때문입니다. 동양인에 대한 혐오, 성 소수자에 대한 혐오, 택배 노동자에 대한 혐오 등도 마찬가지입니다. 그럼 우리는 어떻게 해야 할까요? 이에 대해 프랑스 철학자 들뢰즈(Gilles Deleuze, 1925~1995)는 환대의 윤리를 제안합니다.

환대는 무조건적입니다. 흔히 우리가 이방인을 대하는 방식에는 배제, 수용, 인정, 환대로 나누어질 수 있습니다. '배제'는 말 그대로 거부하는 것입니다. 배제가 극단적으로 가면, 상대방에 대한 폭력, 제거로 이어지죠. 예컨대 과거 나치의 유대인 학살, 흑인에 대한 무차별적인 린치 등이 이에 해당합니다. '수용'은 상대방을 받아들이기는 하지만, 나와 같은 존재로는 인정하지 않습니다. 그냥 공간을 내줄 뿐이죠. '인정'은 그들에게 정당한 권리와 의무를 부여하는 것입니다. 우리와 동등하게 대하는 것이죠. 하지만 이 역시 인정해주는 존재와 인정을 받는 존재로 나누어집니다. 다시 말해 서열 관계를 전제로 하는 것입니다.

하지만 환대는 다릅니다. '환대'는 나의 자아 속에 상대방을 기꺼이 포함시키는 것입니다. 이방인을 나와 같은 존재로 보는 거죠. 쉽게 말해, 코로나19 확진자를 보았을 때 나 역시 언제든 확진자가 될 수 있음을 받아들이는 것입니다. 또 성 소수자를 대할 때도 나의 자아 속에 성 소수자의 모습이 있을 수 있음을 인정하고 받아들이는 것입니다. 그래야 더 이상 이방인이 아닌 나와 같은 자아를 가진 진정한 동료가 될 수 있으니까요.

바이러스의 전파로 사회 분위기가 흉흉해질수록 사람들 사이에는 혐오의 감정도 함께 쉽게 전파될 수 있습니다. 이런 시대일수록 우리는 혐오를 극복하기 위해 환대의 윤리를 배우고 실천해야 합니다. 물론 결코 쉬운 일이 아닙니다. 과연 생명의 위협을 감수하고 상대방을 받아들이고 환대할 수 있을까요? 확진자, 성 소수자, 외국인을 나와 같은 동료로 생각할 수 있을까요?

1. 최근 혐오 문제를 해결하기 위해 혐오표현금지법, 포괄적 차별금지법 등이 나오고 있다. 그러나 이는 표현의 자유를 억압한다는 비판도 받고 있다. 이에 대해 여러분들은 어떻게 생각하는가?

2. 우리 사회에서 소수자에 대한 환대가 잘 안 되는 가장 큰 이유는 무엇이며, 이에 대한 해결 방안은 무엇일까?

글로벌 시대의 부메랑이 된 팬데믹

과학철학자 칼 포퍼(Karl Raimund Poppe, 1902~1994)는 《열린사회와 그 적들》이라는 책을 썼습니다. 이 책에는 '열린사회'와 '닫힌사회'라는 개념이 등장하죠. 책에서 포퍼가 말하는 닫힌사회는 특정 이념이나 가치만을 절대시하고, 그러한 이념이나 가치에 반하는 것들은 철저히 배격하거나 심지어 탄압도 서슴지 않는 사회를 의미합니다. 자유로운 토론과 반론을 전혀 허용하지 않는 사회인 셈이죠. 한편 근대 이래로 자유민주주의는 자유로운 토론과 소통을 강조해왔습니다. 여기에는 세계화와 국제화의 흐름도 한몫했습니다. 한 국가의 문화, 도덕, 정치적 이념에만 갇혀 있지 말고, 자유롭게 소통하는 과정에서 더욱 발전할 수 있다는 거죠. 오늘날 북한과 같은 몇몇 나라를 제외하고는 대부분의 국가는 열린사회를 지향합니다.

바이러스에 발목을 잡힌 열린사회

승승장구했던 열린사회에 대한 추종은 바이러스 팬데믹과 함께 큰 시련을 맞이하며, 날선 비판이 고개를 들었습니다. 사회가 열려 있을수록 그리고 다른 나라와의 소통이 활발할수록 바이러스의 전파도 쉽게 이루어졌기 때문이죠. 아주 먼 옛날, 지역 간 왕래가 뜸했던 시절에는 바이러스가 유행해도 어느 한 지역에만 국한되어 전파되다가 끝나버리는 경우가 많았습니다. 다양한 교통 수단이 발달하지 못했기 때문에 숙주들 간의 활발한 교류가 이루어지기 어려웠을 테니까요. 스스로 이동할 수는 없는 바이러스는 숙주의 이동 없이는 전파에 차질이 생길 수밖에 없습니다. 그러나 오늘날에는 바이러스가 전 세계적으로 퍼지는 데 단 며칠이면 충분합니다.

그래서 코로나19 초기에 각 국가는 정도의 차이는 있지만, 빠르게 봉쇄정책을 폈습니다. 미국은 1월 31일에 '중국 체류 및 방문자에 대한 입국 금지 조치'를 내렸고, 캐나다 정부 역시 엄격한 격리 및 이동제한 조치를 내린 바 있습니다. 핀란드 외무부는 시민들에게 중국으로의 불필요한 여행을 자제할 것을 권고하였고, 일본도 외국으로부터의 일본 상륙을 거부하는 조치를 내려 프린세스 크루즈라는 유람선은 승객을 태운 상태로 무려 한 달 가까이 요코하마 해상에 정박 상태로 머물러야 했죠. 대만도 중국인의 입국을 전면 금지하는 등의 강력한 봉쇄정책을 실시했습니다. 상황이 이렇게 되자, 경제의 많은 부분을 외국과의 교역에 의존하던 나라들은 심각한 타격을 입을 수밖에 없었습니다.

그래서 앞으로 바이러스의 시대에서는 세계화보다는 지역화가 강조되어야 한다는 담론도 제기되고 있습니다. 말하자면 지역에서 자급자족의 체제를 만들어야 한다는 것이죠. 봉쇄를 통해서도 충분히 살아갈 수 있는 기반이 필요하다는 것입니다. 일각에서는 그동안 너무 개방과 세계화만을 강조해왔다는 반성이 일기도 했죠. 하지만 감염병 전문가들은 바이러스 전파 초기라면 그나마 강력한 봉쇄조치가 어느 정도 효과가 있을지 몰라도, 장기적으로는 봉쇄의 효과가 미미하다고 말합니다. 이미 세계는 긴밀한 네트워크로 연결되어 있기에 몇몇 국가의 봉쇄만으로는 바이러스의 전파를 막아낼 수 없기 때문입니다. 다른 나라에 있는 자국민의 입국까지는 막을 수 없는 것과 같습니다. 그리고 봉쇄를 통해 자국의 바이러스 전파를 단기적으로 막는다고 할지라도 다른 나라에 바이러스가 전파되는 과정에서 우리 국가만 안전할 리 없습니다. 그래서 바이러스의 근본적인 종식과 차단을 위해서는 봉쇄보다는 활발한 소통과 교류와 함께 협력과 연대가 필요하다고 강조합니다.

연대와 협력을 기반으로 한 활발한 정보 공유의 힘

각 국가의 방역 상황 및 우수 사례를 공유하고, 바이러스와 관련된 정보를 교류하는 것이 더 중요합니다. 바이러스의 일시적 차단이 아니라 궁극적인 종식을 위해서는 모든 나라에서 효과적인 방역이 이루어져야 하기 때문입니다. 어느 한 국가에서 방역이 제대로 이루어지지 않으면 바이러스의 확산은 또다시 피할 수 없게 마련입니다. 우리 집에서 아무리 방역을 잘하더라도 옆집에서 방역이 제대로 이루어지지 않으면 방역 효과가 반감되는 것과 같습니다.

또한 바이러스의 치료제 및 백신 개발을 위해서도 연대와 협력은 필수입니다. 앞에서 살펴봤듯이 바이러스는 기본적으로 변이가 굉장히 잘 그리고 빠르게 일어납니다. 그리고 세균과는 다르게 항생제가 소용이 없죠. 그래서 바이러스에 대한 치료제 및 백신 개발은 매우 어렵습니다. 임상시험까지 제대로 거치려면 최소 몇 년이 필요하기도 합니다. 더욱이 백신의 경우에는 바이러스가 종식되면 더 이상의 수요도 사라지기 때문에 개발하는 입장에서는 경제적으로도 손해인 경우가 많습니다. 그래서 국가 간 경쟁이나 봉쇄정책만으로는 바이러스의 종식을 이끌어내기 어려우며, 경제적·의학적·정치적·사회적인 협력이 이루어져야 하죠.

이와 관련하여 이탈리아의 철학자 안토니오 네그리(Antonio Negri) 교수는 다중(Mulitude)이라는 말을 썼습니다. '다중'은 개개인의 고유성을 보존하면서도 협력적인 네트워크를 통해 정치적 사회적 변화를 이끌어내는 사람들을 말합니다. 앞으로는 봉쇄를 통한 국민국가(國民國家)[17]의 강화보다 세계시민으로서의 연대가 중요하다는 것

----

17. 민족 단위로 사회·경제·정치생활 등을 함께 꾸려나가며, 같은 언어와 문화, 전통 등을 지닌 국민공동체에 기반하여 성립된 국가를 의미한다.

입니다. 바이러스, 기후위기, 자원고갈, 인구증가 등과 같은 전 지구적인 문제는 한 국가의 역할만으로 해결할 수 없습니다. 자국민 또는 국가의 이익만을 강조하는 집단이기주의를 극복하기 위해서는 SNS로 연결된 관계망을 통해서 정보를 공유하고 여론을 형성하여 세상을 변화시켜가려는 용기 있는 '다중'이 필요합니다. 앞으로 도래할 사회를 더 건강하게 만드는 것은 네트워크 속에서 함께 살아가는 '다중들'이라고 네그리 교수는 전망합니다.

1. 바이러스 유행 시에 입국 금지 조치를 내리는 것은 합리적인 결정일까?
2. 만약 내가 백신 개발자라면 바이러스 백신이나 치료제 정보를 무료로 다른 나라와 공유할 수 있을까?

불확실성 사회를
살아가기 위하여…

바이러스의 가장 큰 무기는 변화와 불확실성입니다. 따라서 전파 경로와 변이를 정확하게 예측하기란 불가능하죠. 바이러스의 변이는 마치 돌연변이처럼 나타납니다. 인간의 경우 돌연변이가 살아남아 유전자를 전달하려면 최소 수대에 걸친 긴 시간이 필요하지만, 바이러스 돌연변이는 숙주에 잘 적응하고 전파가 쉬우면 바로 무차별적으로 퍼져나갑니다.

너무 복잡해서 이해하기도 예측하기도 어려운 생태계

바이러스의 예측할 수 없는 특성은 생태계의 본모습이기도 합니다. 생태계는 일정한 방향성을 띠고 변화해가는 것이 아니라, 다양한 요소들의 영향을 받아 순간순간 변화해가기 때문입니다. 그래서 최근에는 생태계를 복잡계[18]로 바라봐야 한다는 주장이 강한 힘을 얻고 있습니다. 복잡계라는 말을 너무 어렵게 생각할 필요는 없습니다. 말 그대로 너무 복잡해서 예측할 수 없다는 뜻이니까요.

위드 바이러스의 시대에는 이러한 복잡계의 특성을 이해하는 것이 매우 중요합니다. 이러한 세상에서 과거의 경험이나 지식만으로 미래사회에 제대로 대비하는 것은 힘들기 때문입니다. 예를 들어볼까요? 우리는 이미 메르스와 사스바이러스를 겪었습니다. 그렇다면 같은 코로나바이러스 계열인 코로나19에도 제대로 대처할 수 있어야 할 것 같지만, 실상은 그렇지 않았습니다. 오히려 과거 사스, 메르스보다 훨씬 더 심각한 피해를 보고 있습니다. 같은 종류의 바이러스라도 그 전파 양상은 전혀 달랐기 때문입니다. 코로나19는 그와 비슷한 사스바이러스보다 수십 배 이상의 높은 감염력을 보여주었습니다. 물론 과거의 경험이 방역에 다소 도움이 되긴 했지만, 누적된 지식이나 경험에만 의지하여 미래사회를 살아가는 것은 매우 위험하고, 불안요인 또한 많다는 것을 알 수 있습니다.

그러나 우리 학교 교육은 고정된 지식과 하나의 정답만을 강요하는 분위기가 강합니다. 물론 최근에는 비판적 사고를 비롯하여 다양한 역량을 길러주려는 시도가 일어나고 있지만, 아직 수능 중심의 입시체제가 강력하게 작동하고 있죠.

....
18. 자연계의 다양한 구성요소들이 서로 영향을 주고받아 복합적인 원인이 존재한다는 뜻으로, 원인과 결과가 분명하게 드러나지 않는 특성이 있다.

보편적이고 절대적인 원리나 지식이 존재할까?

수능 중심의 입시에서는 일단 지필고사에서 높은 점수를 얻을수록 유리합니다. 수능에서 정답을 많이 맞혀서 좋은 성적을 거둬야 좋은 대학에 갈 수 있는 상황에서 학교는 어쩔 수 없이 학생들에게 더 많은 지식을 효율적으로 전달하고 가르치는 데 집중해야 합니다.

일부 교육전문가들은 이렇게 배운 지식이 입시뿐만 아니라 미래 사회를 살아가는 데에도 꼭 필요한 것이라고 강조하기도 합니다. 역량이나 사고력 역시 지식을 바탕으로 더욱 탄탄해질 수 있는 것이기 때문입니다. 예를 들면, 바이러스에 대한 방역대책을 고민하기 위해서는 우선 바이러스가 무엇인지에 대해 알아야 하는 것과 같습니다. 이러한 입장은 우리가 반드시 알아야 하는 기본적인 지식, 진리, 원리, 원칙이 반드시 존재한다는 것을 강조합니다.

절대적인 원리가 존재한다는 것은 플라톤 이래로 교육의 기본적인 전제였습니다. 이러한 절대적인 원리를 토대로 다양한 생각이나 학문, 이론 등을 발견할 수 있다고 보는 것입니다. 그러나 최근에는 이에 반대하는 입장도 속속 등장하고 있습니다. 반대하는 사람들은 누구나 알아야 하는 보편적이고 절대적 원리나 지식은 존재하지 않는다고 말합니다. 바이러스가 생명인지, 아닌지도 관점에 따라 다른 것처럼 지식도 마찬가지인 거죠. 그래서 칠레의 철학자이자 생물학자인 프랜시스코 바렐라(Francisco J. Varela, 1946~2001)는 이렇게 강조했죠.

"앞으로 우리는 기반 없는 세상에서 살아가는 방법을 배워야 한다."

이 말은 비록 우리가 발 딛고 의존해야 하는 보편적인 기준이나 원칙이 없더라도 얼마든지 이 세상의 수많은 문제를 해결하면서 살아갈 수 있어야 한다는 것을 의미합니다.

토론과 합의를 통해 함께 찾아가는 최선의 방법

그렇다면 질문이 떠오릅니다. 기반 없는 사회에는 누구나 자기 생각이 정답이라고 주장할 수 있지 않을까요? '1+1=5'라고 우기면 그것도 정답이 되는 것처럼 말입니다. 이러한 세상이 과연 제대로 돌아갈 수 있을까요? 당연히 그래서는 안 됩니다. 왜냐하면 자칫 도둑질이나 살인 같은 범죄행위마저 얼마든지 정당화될 수 있다는 뜻이니까요. 절대적인 원칙에 의존하지 않고도 수많은 구성원이 함께 잘 살아가기 위해서는 토론과 합의가 중요합니다. 현 상황에서 우리가 함께 살아가고 성장하기 위해 무엇이 필요한지에 대한 **토론과 합의**가 이루어져야 합니다. 이를 위해서는 교육의 방향 역시 바뀔 필요가 있습니다.

지식보다는 사고력이 강조되어야 합니다. 함께 비판적으로 생각하고 대안을 찾을 수 있는 역량이 필요한 것이죠. 이때 강조되는 사고력은 단순히 논리적 사고에만 국한되지 않습니다. 우리는 지금까지 사고력 교육이라고 하면 지나치게 논리만을 강조하는 경향이 있었습니다. 하지만 구성원들 간의 합의를 위해서는 사실관계나 논리도 필요하지만, 창의적 사고와 배려적 사고 등도 필요합니다. 논리와 기준을 가지고 현상을 바라보고, 근거와 이유를 대는 것을 비판적 사고라고 합니다. 그리고 문제 상황에서 새로운 가설이나 대안을 생각하는 것은 창의적 사고라고 하지요. 또한 다른 시각에서 새로운 질문을 제기하는 것도 창의적 사고입니다. 마지막으로 타인의 감정이나 가치를 적절하게 고려하는 것은 배려적 사고라고 합니다. 이를 바이러스 상황에 빗대어 보자면 다음과 같습니다.

- 비판적 사고: 바이러스의 특성을 통해 백신을 개발하고 감염 상황을 예측하는 것
- 창의적 사고: 바이러스의 감염을 최소화할 수 있는 새로운 방역 대책을 세우는 것(ex.드라이빙 스루)
- 배려적 사고: 바이러스로 인해 더 많은 고통을 받을 수 있는 취약계층을 보살피는 것

그러나 이러한 다차원적 사고력이 강조되는 교육 역시 지식이 뒷받침되지 않으면 무용지물이라는 반론이 강하게 제기되기도 합니다. 맞습니다. 지식과 사고력은 서로 완벽히 분리할 수 없는 것이며, 함께 강조되어야 합니다. 그러나 일부 사람들은 무조건 지식이 먼저 있어야 한다고 생각합니다. 지식이 있으면 사고력은 자연스럽게 높

아진다고 보는 것이죠. 예컨대 성적이 좋은 학생이 사고력도 높다고 생각하는 식입니다. 하지만 그것이 과연 지식이 높아서 그런지, 아니면 지식을 쌓는 과정에서 치열하게 고민한 결과인지는 알 수 없는 것입니다. 따라서 단순히 지식교육만으로 사고력이 높아질 수 있는지는 여전히 논쟁거리입니다. 오히려 이에 반대하는 사람들은 사고력이나 탐구 중심의 수업을 하면 자연스럽게 지식은 쌓일 수밖에 없다고 주장하기도 하니까요. 예컨대 주어진 탐구 문제를 해결하기 위해 아이들 스스로 지식을 찾아보기 시작한다는 거죠. 위드 바이러스의 시대에도 교육은 인간다운 삶을 살아가는 데 필요한 역량들을 골고루 키워주어야 합니다. 그러나 지금까지 봤듯이 그 역량이 무엇인지, 어떠한 준비가 필요한 것인지에 대해서는 앞으로 더 치열하게 연구하고 토론할 문제입니다.

1. 이 세상에는 보편적인 원리나 지식이 존재할까?

2. 학교에서 지식을 쌓는 것과 사고력을 키워주는 것 중 무엇이 더 중요하다고 생각하는가?

학교 없는
세상이 올까?

2020년, 교육계에 일대 사건이 벌어졌습니다. 건국 이래 최초로 학교가 문을 닫았으니까요. 학생들이 밀집하여 생활하는 학교 공간은 감염에 취약하기 때문에 코로나19로 인해 잠시 폐쇄할 수밖에 없었던 것입니다. 과거 천재지변으로 인해 일부 학교가 일시적으로 휴교한 사례는 있을언정, 이번처럼 대한민국의 모든 학교가 문을 닫은 적은 유례가 없었습니다. 사실 우리나라에서 학교는 눈이 오나 비가 오나 반드시 가야만 하는 장소였으니까요. 좀 옛날이야기를 하자면, 시골에서 자란 어르신들은 종종 어린 시절 수 킬로미터를 걸어서 하루도 빼놓지 않고 학교에 다녔다는 일화를 '라떼는 말이야…' 하며 자랑스럽게 얘기하시곤 합니다. 먼 거리도 불사할 만큼 배움을 위해 매일 학교에 가야만 했다는 뜻이겠죠.

코로나19와 함께 시작된 원격수업의 시대

학교가 처음 문을 닫았을 때의 충격도 잠시일 뿐, 전국의 모든 학교는 재빠르게 원격수업을 준비했습니다. 온라인을 통해 수업 영상을 공유하거나, 실시간으로 쌍방향 수업을 진행해나갔죠. 얼마 지나지 않아 학생들은 자연스럽게 자신의 방안에서 컴퓨터를 보며 출석 체크를 하고, 선생님 및 친구들과 인사를 나누게 되었습니다. 더 놀라운 것은 단순히 강의만 듣는 것이 아니라 온라인을 통해 프로젝트수업, 토론수업, 모둠수업 등까지도 진행하게 된 점입니다. 물론 아직은 전국의 모든 학교, 모든 교사가 이렇게 하지는 못하지만, 이미 가능성은 충분히 보았습니다.

이제 학교라는 공간은 더 이상 배움이 이루어지는 유일한 물리적 공간이라는 생각이 무너지고 말았죠. 즉 학교라는 공간적 개념에 대한 재정의가 필요해졌습니다. 나아가 온라인수업이 활성화되면서 학교라는 공교육 시스템에 대한 근본적인 의문도 제기되었습니다. 왜냐하면 학교는 국가교육과정 및 각종 법령에 묶여 있어 온라인수업에 효과적으로 대응하기 힘들었던 측면이 적지 않았기 때문입니다. 다시 말해 학생들의 본질적인 배움과 성장보다 일단 출결확인, 진도 나가기, 저작권 문제 등에 더 신경을 쓸 수밖에 없었습니다. 그에 비해 일부 대안학교나 사교육업체 등은 훨씬 질 높은 수업 영상을 공유하고, 다양한 온라인 교육과정을 발 빠르게 개발하기 시작했습니다. 2020년 3월 코로나19로 인해 교육부가 개학을 계속 연기하는 사이에 실험학교 '거꾸로 캠퍼스'는 자체적으로 먼저 온라인 개학을 시행한 적이 있습니다.

> 이성원 거꾸로 캠퍼스 교장은 "우리는 교사도 틀릴 수 있고, 함께 정답을 찾아가야 하는 존재라고 생각한다"며 "이런 접근 방식 때문에 유연한 대응이 가능했다"고 설명했다. 3월 초 사태가 장기화할 조짐을 보이자 바로 선생님이 한데 모여 각종 온라인 도구를 직접 써보고 해법을 찾았다. 이 교장은 "일반 학교에서 공문이 떨어질 때까지 한참을 기다려야 한다. 교육부에서 지역 교육청으로 내려오며 몇 단계 거치는 과정에서 공문이 몇 개로 불어나고 시간도 지체된다. 결국 교사들이 자생적으로 해결할 동력을 잃어버리게 된다"고 했다[19]

학교는 무엇을 위해 존재하는가?

공교육 제도의 경직성에 대해서는 이미 1970년대 초에 이반 일리치(Ivan Illich, 1926~2002)에 의해 제기된 적이 있습니다. 그는 《학교 없는 사회》라는 책에서 제도교육, 의무교육을 비판하면서 공교육의 경직성과 폭력성을 드러냅니다.

국가에 의해 일괄적으로 운영되는 학교는 아이들을 위한 교육이

....
19. 김미리, 〈[아무튼, 주말] 학교가 멈추니 학교가 보였다〉, 《조선일보》, 2020.4.18.

아니라 오히려 교육기관의 제도에 순응하게 하여 학습 소외현상을 일으킨다는 것입니다. 즉 아이들을 위해 학교가 존재하는 것이 아니라 학교가 존재하기 위해 아이들이 존재하고 있는 것 같은 모순을 지적한 것입니다. 일리치는 모든 아이들에게 똑같은 장소에서 똑같은 내용을 주입하는 것에 대해 비판합니다.

그러면 일리치가 바라는 교육의 모습은 무엇일까요? 그는 공부하기를 원하는 모두에게 나이에 관계없이 필요한 자원에 접근할 수 있도록 지원을 해야 하며, 자신이 아는 것을 나누고자 원하는 사람들에게 그로부터 배우고자 원하는 사람을 찾게 도움을 주어야 한다고 보았습니다. 이는 곧 '학습 네트워크'를 의미하는 것입니다. 특정한 시공간에서만 배우는 것이 아니라 생활의 모든 관계 속에서 스스로 원하는 내용을 언제 어디서든 배울 수 있는 관계망을 구축해야 한다고 보았던 것입니다.

일리치가 꿈꾸었던 학습 네트워크는 코로나19로 인해 우리가 경험한 온라인수업과 다르지 않습니다. 우리는 온라인망을 활용하여 다양한 학습 콘텐츠를 접할 수 있었기 때문입니다. 오늘날 K-mooc 등과 같은 다양한 무료 강의 플랫폼이 늘어나면서 이러한 배움의 기회는 한층 더 증대될 것으로 보입니다. 집안에서도 세계 최고 대학의 명강의를 들을 수 있게 된 거죠. 나아가 일부 사람들이 도전하고 있는 온라인 학교에서는 온라인 관계망을 통해 누구나 교사가 되고, 학생이 될 수 있는 학습 공간을 만들어 나가고자 노력하고 있습니다.

코로나19가 역설적으로 일깨운 학교의 소중함

자, 변화의 흐름은 확실히 교육이 학교라는 물리적 공간을 초월하는 양상을 보여줍니다. 그렇다면 다시 질문하고 싶군요. 과연 학교라는 공간은 필요할까요? 섣불리 단정할 순 없지만, 아직까지는 '그렇다' 쪽에 좀 더 무게가 실리고 있습니다. 이 또한 코로나19의 역설이 아닐 수 없습니다. 코로나19 때문에 시작된 온라인수업은 학교의 필요성에 많은 이들이 의문을 제기하게 만들었지만, 또 다른 측면에서는 학교의 소중함을 일깨워주는 계기도 되었으니까요.

무슨 말이냐고요? 학교는 단순히 교과수업만 이루어지는 지적인 배움의 장소만은 아니었다는 뜻입니다. 지적인 갈증은 온라인을 통해서 충분히, 어쩌면 더 나은 방식으로 메울 수 있을지 모릅니다. 하지만 관계의 욕구, 인정의 욕구 등은 충분히 메울 수 없었습니다. 여러분도 인정하겠지만, 성장은 비단 지적인 배움만으로 이루어지지 않습니다. 만남을 통한 인격적이고 정서적인 대화, 교류가 꼭 필요하죠. 더욱이 부모의 돌봄이 제대로 되지 못한 환경의 아이들에게 학교는 배움 그 이상의 의미였습니다. 그런데 학교가 문을 닫자 자신을 진심 어린 눈빛으로 봐주던 선생님도, 항상 장난치고 놀았던 친구들도 만나지 못했습니다. 더 나아가 컴퓨터 앞에 하루 종일 앉아서 제대로 된 식사도 하지 못하다 보니, 신체적인 성장에도 문제를 일으킬 것이라는 예측도 나오는 실정입니다.

특히 나이가 어릴수록 지적인 측면의 접근보다는 정서적이고 인격적인 만남과 대화가 훨씬 더 중요합니다. 함께 고민을 들어주고, 이야기해줄 수 있는 존재가 이들에게 절실한 거죠. 아이들은 이 과정에서 관계를 맺을 수 있는 역량, 감정을 조절할 수 있는 역량 등 다양한 사회적 기술을 배웁니다. 그래서 일부 전문가들은 코로나19 이후 학교에서의 비행 행동이 급증할 것이라고 내다보고 있습니다. 지금 이 시기에 배워야 할 관계적·정서적 역량을 제대로 경험하지 못했기 때문이죠.

또한 원격수업으로 인한 학력격차의 심화 문제도 제기되고 있습니다. 온라인 강의를 통해 모두에게 충분히 수업 내용이 제공되었는데 갑자기 학력격차가 늘어난 이유는 무엇일까요? 스마트기기도 모든 학생에게 대여해줬는데도 불구하고 말이죠. 사실 문제는 스마트기기가 아니었습니다. 학력격차의 원인 또한 가정환경과 부모 돌봄 문제가 훨씬 더 컸던 거죠. 온라인수업 기간 부모의 돌봄이 제대로 이루어진 학생들은 건강한 식사를 하고 적절히 휴식도 취하면서 체계적으로 수업에 임할 수 있었고, 다양한 사교육을 통해 부족한 부분은 보충학습도 가능했습니다. 하지만 모두가 이런 혜택을 누리는 것은 아닙니다. 여러분 주변에도 분명 그렇지 못한 친구들이 있을 것입니다. 예컨대 직장생활을 하는 부모 대신에 동생을 돌봐야하는 학생도 있었고, 자신의 방이 없어서 조용히 온라인수업에 집중하기조차 힘든 가정도 있죠. 아예 부모의 돌봄이 없이 온종일 방치된 학생들도 있었습니다. 즉 학교가 문을 닫기 무섭게 가정환경이 학생들의 성장에 핵심 변인으로 작동한 것입니다.

앞으로 이러한 문제는 빈부격차를 비롯하여 다양한 사회 갈등의 원인으로 작용할 확률이 높습니다. 그동안 학교가 지적인 배움뿐만 아니라 최소한의 사회적인 안전망을 제공하는 핵심 역할을 해왔다는 것을 증명한 셈입니다. 하지만 위드 바이러스의 시대, 학교는 방역에 매우 취약한 공간일 수밖에 없습니다. 좁은 공간에 많은 학생이 모여서 수업을 듣는 것은 바이러스에게는 이곳저곳으로 옮겨가기에 딱 좋은 최적의 전파 환경이 마련된 것이니까요.

자, 코로나19는 학교의 양면성을 함께 드러낸 계기가 되었습니다. 물론 지금까지 잘해온 점도 있지만, 앞으로 반드시 개선하고 진화해야 하는 측면도 분명히 존재합니다. 이제 우리는 다시금 고민해야 합니다. 과연 바이러스와 함께하는 시대에서도 학교는 필요할까요? 만약 그렇다면 바이러스의 시대에 함께할 미래학교는 어떤 모습이어야 할까요?

질문

1. 바이러스의 시대에 학교는 필요할까?
2. 미래의 학교는 어떤 모습으로 변화될까?

[단행본]

기초과학연구원, 《코로나 사이언스》, 동아시아, 2020.

김명자, 《팬데믹과 문명》, 까치, 2020.

대한바이러스학회, 《우리가 몰랐던 바이러스 이야기》, 범문에듀케이션, 2020.

박경화, 《고릴라는 핸드폰을 미워해》, 북센스, 2011.

안희경 · 제러미 리프킨 외, 《오늘부터의 세계》, 메디치미디어, 2020

이재갑 · 강양구, 《우리는 바이러스와 살아간다》, 생각의힘, 2020.

이재열, 《바이러스 삶과 죽음 사이》, 지호, 2005.

최강석, 《바이러스 쇼크》, 매일경제신문사, 2020.

최재천 외, 《코로나 사피엔스》, 인플루엔셜, 2020.

홍윤철, 《팬데믹》, 포르체, 2020.

데이비트 콰먼, 《인수공통 모든 전염병의 열쇠》(강병철 옮김), 꿈꿀자유, 2017.

로날트 게르슈테, 《질병이 바꾼 세계의 역사》(강희진 옮김), 미래의창, 2020.

리처드 도킨스, 《이기적 유전자》(홍영남 · 이상임 옮김), 을유문화사, 2018.

마르틴 부버, 《나와 너》(표재명 옮김), 문예출판사, 2001.

마크 호닉스바움, 《대유행병의 시대》(제효영 옮김), Connecting, 2020.

매튜 립맨, 《고차적 사고력 교육》(박진환, 김혜숙 옮김), 인간사랑, 2008.

매트 리들리, 《본성과 양육》(이인식 옮김), 김영사, 2015.

소니아 샤, 《바이러스의 위협》(정해영 옮김), 나눔의집, 2017.

슬라보예 지젝, 《팬데믹 패닉》(강우성 옮김), 북하우스, 2020.

안토니오 네그리, 마이클 하트, 《다중》(조정환 외 옮김), 세종서적, 2008.

에드워드 윌슨, 《통섭》(최재천 · 장대익 옮김), 사이언스북스, 2011.

유발 하라리, 《사피엔스》(조현욱 역), 김영사, 2019.

이반 일리히, 《학교없는 사회》(박홍규 옮김), 생각의 나무, 2009.

재레드 다이아몬드, 《총·균·쇠》(김진준 옮김), 문학사상사, 2005.

제니퍼 라이트, 《세계사를 바꾼 전염병 13가지》(이규원 옮김), 산처럼, 2020.

조르조 아감벤, 《호모 사케르, 새물결》(박진후 옮김), 2008.

존 스튜어트 밀, 《자유론》(박홍규 옮김), 문예출판사, 2011.

존 카우치·제이슨 타운, 《교실이 없는 시대가 온다》(김영선 옮김), 어크로스, 2020.

카이클 오스터홈·마크 올셰이커, 《살인 미생물과의 전쟁》(김정아 옮김), 글항아리, 2020.

칼 포퍼, 《열린사회와 그 적들1》(이한구 옮김), 민음사, 2006.

피터 싱어, 《동물해방》(김성한 옮김), 연암서가, 2012.

필리프 판 파레이스·야니크 판데르보호트, (2018), 《21세기 기본소득》(홍기빈 옮김), 흐
　름출판, 2018.

한나 아렌트, 《인간의 조건》(이진우 옮김), 한길사, 2017.

[언론보도]

김미리, 〈[아무튼, 주말] 학교가 멈추니 학교가 보였다〉, 《조선일보》, 2020.4.18.

김정호, 〈신자유주의의 본질, 이론·역사와 그 현대적 기원〉, 《레디앙》, 2019.5.31.

이상진, 〈[인공지능]② 인간의 혐오와 편견이 만든 'AI챗봇 이루다'논란〉, 《뉴스포츠》,
　2021.2.2.

이교준, 〈독일 수백 명 폭동…"코로나19 통제에 불만"〉, YTN 사이언스투데이, 2020.6.23.

조성필, 〈방역 위한 감시·통제에 눈감았더니 '빅브라더'가 눈떴다〉, 《아시아경제》,
　2020.05.28.

최동혁, 〈"너의 나라로 돌아가!"…美 잇단 동양인 혐오 행위〉, 《KBS뉴스》, 2020.6.12.

onlinenews, 〈원숭이·침팬지 등 유인원 고기 에이즈 초래〉, 《헤럴드경제》, 2012.5.30

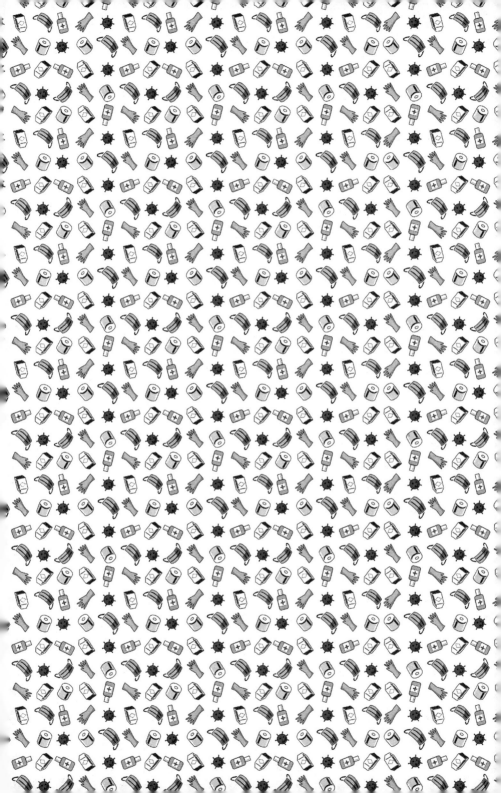